庫

新釈 現代文

高田瑞穂

筑摩書房

序

この本は、大学の受験に備えて勉強中の諸君のために、入試現代文の解き方を説いたものです。

この本の類書と異る点は、目次を一見しただけでも明らかだと思いますが、ここには「たった一つのこと」しか説かれていません。その「たった一つのこと」こそ、入試現代文読解の最も正しい、したがって最も有力な方法であることを信じたからです。

この本が、実質的に受験生諸君に寄与することを念じて止みません。

昭和三十四年八月

こんど、重版を機会に、「近代文学をどう読むか」「近代文学の何を読むか」を本文のあとに加えました。現代文学を読むことと、現代文の勉強とを調和させて欲しいと思います。

著者

目次

読者へのことば――「たった一つのこと」―― 009
第一章　予備 013
1　公的表現 014
2　筆者の願い 026
第二章　前提 035
1　問題意識 036
2　内面的運動感覚 071

第三章　方法 …… 083
1　たった一つのこと …… 084
2　追跡 …… 091
3　停止 …… 126

第四章　適用 …… 149
1　何をきかれているか …… 150
2　どう答えるか …… 164
3　適用 …… 178

後記にかえて …… 220
1　近代文学をどう読むか …… 220
2　近代文学の何を読むか …… 232

[付]問題の解答 …… 243
解説（石原千秋） …… 252

新釈　現代文

読者へのことば
――「たった一つのこと」――

この本は、結局「たった一つのこと」を語ろうとするものです。

私は先に『現代文の学び方』という本を書き、そのあとがきで、次のようなことを記しました。

「私には一つの態度があった。その態度が、入試現代文に対して誤たぬものであることを、私は私の経験によって確信した。それがこの本の生まれる最初の契機であった。今、やっと一応書き終えて、最初の確信を改める必要を感じないですんだことは、私の何よりの喜びである。……こういうものはこれ一冊でもう書くつもりはない。」

『現代文の学び方』は、少数ではあったが、熱心な読者を持つことができたようです。そして、そういう、読者諸君から聞えてくる声は、例外なく、もう少しやさしく記してほしかったというものでした。受験生諸君のために書いたのでしたが、その時私にも、多少無理だなという考えはありました。しかし、同時に、この程度の無理は承知でなくてはという気持もありました。だからあとがきに、「この本を読みこなし得たとしたら、そのことが何よりも読者の現代文読解力の優秀さを保証するであろう。」と記しておきました。しかし、日がたつにつれて、その本は、受験生諸君よりも、その先生方に読者をもつ傾向を生じてまいりました。時たま、私の手許にとどく質疑なども、ほとんど高校の先生からという風になっていきました。どうも私は、受験生諸君に少々無理を強いすぎたようです。その無理を無理でなく自分のものにすることの出来るような諸君は、恐らく、どんどん志望の大学に入ってしまうでしょうから問題はありませんが、中には、私の本に就いたために、かえって、現代文を苦手とするにいたったような諸君も、あるのではなかろうかと想像されだしました。私は、そういう諸君には、申訳のないことをしてしまったことになりそうです。それが、もう一度、今度はもっと解りやすく、書き改めようと考えるにいたった理由です。だから、本質的には、この本は『現代文の学び方』の改訂版なのです。しかし、どうせ改訂するなら、思い切って、私の「一つの態度」だけに重点を絞り、それ以外のものを一切切りすててしまうやり方をしてみようという気持になりました。大学受験という目的のために現代文を学ぶ場合には、他の学科、ことに体系的な数学の場合などとちがって、万全の備えなどというものはもともとあり得ないと思います。沢山書店にならんでいる四百頁も五百頁もあるような現代文に関する書物は、一応、骨折ってそれを読めば、万全の備えが出来上るような形をしております。私は、疑わしいと思います。むしろ、現代文に対する諸君の眼が開かれ、骨がのみこめさえすれば、ほぼ事は足りるのではないでしょうか。われわれは毎日、現代文に接し続けているのですから、一旦眼の曇りが晴れ、焦点の合わせ方がわかりさえすれば、あとは自然に力が蓄積されてゆくのではないでしょうか。重ねて言いますが、もし万全の準備ということが可能であれば、もちろんそのために努力を惜しむわけにはゆきませんが、現代文の場合は、そういうことはもともと望まれないのです。他の勉強を一切すてて、現代文だけに一年間の努力のすべてを注いだとしても、とうていそれで、準備は万全だなどとは言えないと思います。そこに現代文学習の困難さがあるわけです。そうだとすれば、考え方をかえた方がよいわけです。私がこの本では、「たった一つのこと」だけを言おうときめたのは、そういう理由からです。私が、解りやすくここで述べる「たった一つのこと」は、だからそのままで万全の準備となるようなものではもともとありません。そうではなく、この「たった一つのこと」を本当に理解することが、現代文への眼を開くための一番の本道であり、近道であるというのです。そういう「たった一つのこと」を、なるべく傍見《わきみ》をせずに追求してみたいと思います。そのために、考察の対象としてとり上げる入試問題についても、設問に刈り込みをほどこそうと思います。そして、前の本は百八十頁でしたが、今度の本は、それ以下の薄いものにしようと思います。例えば、肉でも野菜でも、鉛筆でも紙でも、何でも切ることの出来る丈夫なよく切れる一丁のナイフ――そういう本にしたいと思います。できればそれでひげもそれるように。しかし、そうは言っても、やはり、多少の妥協は必要になってくるでしょう。なるべく最小限に止めるつもりです。だから、十本も二十本もちがった刃物をそろえないと気のすまない、つまり万全の準備の好きな方には、この本は向きません。

第一章　予備

——「たった一つのこと」のための——

1　公的表現

現代文とは、何等かの意味において、現代の必要に答えた表現のことです。

まず、このことをしっかり頭に入れることが最初の一歩です。最初の一歩を確実に踏み出すことなしには、われわれはどこへも到達することはできません。さて、右の規定は二つの条件において、現代文を考えようとするものです。「現代の必要に答えた」という条件と、「表現である」という条件においてです。そして、この二つの条件相互の関係は、前者が後者を限定するという形において見られます。つまり、現代文とは、「表現である」のですが、表現一般ではなく、とくに「現代の必要に答えた」表現だというのです。だから、三百年前において「現代の必要に答えた表現」は、今日の現代文ではあり得ません。その点は誰にも極めて明瞭なことですが、それでは、現代に書かれた表現であっても「現代の必要」に答えていないものは、現代文ではないのかという疑問に答えることは、そんなに簡単にはまいりません。私が、「何等かの意味において」というあいまいとも見えることばを加えておいたのも、実はそういう疑問に答えることの困難さをあらかじめ予想してのことだったのです。論理的に言えば、たしかに、「如何なる意味においても」「現代の必要」に答えていないものは、現代文と言うに「価しない」ものなのです。しかし、そこからいろいろな問題が派生いたします。その一つは、事実として、「如何なる意味においても」「現代の必要」に答えていない表現というものは、ごく特殊の場合を除いて、考えられないということです。もう一つは、「価しない」ということは「存在しない」ということではないということです。これらの事情について考えるためには、「表現」そのものの性格を考えることが、かえって近道だと思います。

「表現」ということばは、ご承知の通り英語のexpressionに対応することばです。expressというのは、しぼり出すことです。つまり、内にあるものを外にしぼり出したものがexpressionなのです。そこに、明らかに「表現」のもつ本質が語られていると思います。人が、何も考えていない、何も感じていないという状態——つまり人の内面が完全に空虚であって、しぼり出すべきものが何一つない場合には、「表現」の生まれる余地はないのです。そこから逆に、あらゆる「表現」は、それ自体において、筆者の内面に何等かの要求があったことを語ると考えてもいいわけです。そしてこれが、先の「現代の必要」に答えていないのは現代文ではないのか、という問に対する答なのですが、もう少し先に進みましょう。今、「表現」を、「文章表現」に限定いたしますが、その場合「表現」ということばは、少くとも二つの意味を持っております。一つは単に「文」という意味です。「文法的文」と言っても同じです。もう一つは、それを読む「他人を予想した文」を指す場合です。たとえば、ここにある人が、ひそかに日記を綴っているとします。そしてその人は、もともと誰にも見せるつもりはなく、一冊の日記が書き尽くされると、それを焼きすてるとします。この場合の日記について考えますと、第一の立場からは、それはもちろん「文」です。どんな事情でそれが書かれたにしろ、文字によって記されたものであり、そしてそれが、文法的な約束に従ってまとまった意味を持つものである以上、どんなものだって「文」であるというのが、この立場です。小説も「文」であり、電報の記載も「文」です。しかし、第二の立場からは、それは「文」ではありません。終始誰の目にもふれなかったのですから。そこでこの二つの考え方において、前者は、「表現」ないし「文章」の機能に関する抽象的な見方であり、後者は、その功用に関する具体的な見方だと言っていいと思います。前者を文法的立場、後者を現実的立場と考えてもいいでしょう。ここで、入試現代文というものを考えてみますと、現代文の文法に関する問題の場合は、もちろん前者の立場において表現を考えているわけです。しかし、全体の数から言って、それは非常に小さなものであるのが事実ですし、また文法の問題に対処するには、別の文法体系の習得によらなければなりません。文法の分野は、万全の備えのあり得る分野です。だから、ここでは一応除外いたします。そういう特例を別にすれば、入試現代文のほとんどすべては、公刊された書物・雑誌・新聞等から切りとられたものです。つまり、読者を予想して書かれた文章が、そういう性格を持ったものとして取りあげられているわけです。そこで考えられる表現の意味が、後者に属するものであることは、もう改めていうまでもないでしょう。この後者の場合の表現を、私は公的表現と呼びたいと思います。

公的表現——読者を予想し、事実読者を持った表現を一括して、公的表現と呼ぶことにしますが、しかしその公的の度合には、もちろんいろいろの場合があり得ます。たとえば手紙です。手紙は、一般にたった一人の読者を予想した、公的の度合の一番低いものです。これに反して、何百万という読者を持つ新聞に寄せられた文章や、一国の国民全体を対象とした法令や告示などは、公的の度合の非常に高いものと言っていいわけです。そういう度合いの差は様々ですけれども、それが公的表現である限り、そこには共通した一つの性格、「たった一つのもの」があると、私は考えています。諸君に関係の深い問題に関してこのことを考えてみましょう。

【一】諸君が学校にはいるのは世間と隔離された温室の中でひ弱な花を開くためではない。他日大木となって社会の暴風雨と戦うべき不抜の根を確かに地中に張るためである。不抜の根を確かに地中に張ることは、あらゆる学科を学ぶあらゆる学生の努力の中心でなければならぬ。成熟せる者には学校の必要がない。学生は原則として、その学習せんとする学科の方面に於ては未熟者である。自分は未熟者であると考えることは、あらゆる学生にとって必要な自覚である。この自覚を持たぬ者が学校にはいるのは、家から学資を貰って遊んでいる口実を作るためか、若しくは所謂「資格」を得て貧しい社会的特権を獲得するためか、何れにしても最も本質的な意味に於て入学試験にふるい落さるるに価いする部類に属する。すべての学生が皆自分は未熟者であるという事実を明瞭に把握するならば、学生生活はもっとずっと緊張した、活気ある、純潔な、無邪気なものとなるであろう。諸君は諸君の学校を、成熟を望む未熟者の、無邪気な純潔な、熱中の雰囲気を以て包まなければならぬ。この雰囲気の中に諸君はこつこつとして勉強する者とならなければならぬ。

問一 右の文に最も適当な題をつけよ。

問二 右の文を読んで左の(1)(2)(3)(4)の問の答として次の(イ)、(ロ)、(ハ)、(ニ)の中で最も適当と思うものに○をつけよ。

(1) 「不抜の根を確かに地中に張る」とは、ここではどういう意味か。

(イ) 抜くことのできない根をしっかりと地中に張る　(ロ) 人間としての底力を養う

(ハ) がまん強い精神を鍛える　(ニ) どっしりとした胆力をつくる

(2) 「貧しい社会的特権を獲得する」の「貧しい」とは、ここではどういう意味か。

(イ) 内容のない　(ロ) 収入のすくない　(ハ) 地位の低い　(ニ) 不満足な

(3) 「最も本質的な意味に於て入学試験にふるい落さるるに価いする部類」とは、ここではどういう意味か。

(イ) 成績のよくない者　(ロ) 素質のない者

(ハ) 素行のよくない者　(ニ) 自分を未熟者と考えない者

(4) 「勉強する者」とは、ここではどういう意味か。

(イ) 自分を未熟者と考える者　(ロ) 無邪気な純潔な熱中の雰囲気を作る者

(ハ) 自分の力を内に深く養う者　(ニ) 自分の専門の学科を深くきわめる者

（宮崎大学）

この文章が公的表現であることは、「諸君」という呼びかけのことばが明らかに物語っています。全文を通じて、この「諸君」と呼びかけられているものが、「大学生諸君」であり、ことに「新入生諸君」であることは、容易に想像できるでしょう。そういう対象を予定し、そういう人々のために、筆者は学生生活のあるべき姿を説いています。まず筆者は、「諸君が学校にはいるのは……他日大木となって社会の暴風雨と戦うべき不抜の根を確かに地中に張るためである。」と、大学に学ばんとするものの目的を示します。ついで筆者は、その目的達成のために欠くことのできないのは、「自分は未熟者である」という自覚であることを述べます。この自覚を本当に自分の心の中に打ち立ててほしいというのが、この文章における筆者の一番強い要求であったとみえて、後半の部分で、その点に具体的な説明をつけ加えています。「この自覚を持たぬ者」の場合、学生生活がどんなに下らないものになるかということ、逆に、この事実を「明瞭に把握するならば」学生生活がどんなに意味深いものになるか。つまり、この一文において、筆者は、新入学生たちに向って、彼等自身のために、彼等の学生生活を意義あるものとするために、どうしても欠くことのできない一つの自覚を説いているのです。そしてそこにこそ、この文における公的表現の本質があるのです。

設問にふれておきましょう。**問一**は、右に述べた公的表現の本質に関係し、それをどの程度把握できているかを聞こうとするものです。「学生の自覚」という題が、恐らく出題者の予期するものであろうと思います。そして、それは、「不抜の根」とか、「自分は未熟者である」とかいうものにくらべてはるかに適切な文題です。「不抜の根」は全文の要約としては不適当ですし、「自分は未熟者である」は、文章の、正面切った論調と合いません。**問二**は特に解説を必要としないと思います。ただ「ここではどういう意味か」という聞かれ方に注意することです。「ここでは」というのは、この文章の公的表現としての本質からそれないで、ということです。例えば、(1)においては(イ)ではなく(ロ)をとらなくてはなりません。

右の一文を通して、公的表現の本質は、おぼろげながら——今はそれで結構です、次第にはっきりさせてゆこうというのですから——感じとることができたと思います。そして、右の一文に見られたような性格は、およそ公的表現であるかぎり、どんな形式をとったものにもふくまれているはずです。それが、「諸君」というようなあからさまな呼びかけを持たぬものでも、およそ読者を予想して書かれたものであるかぎり事情はかわりません。今度は、そういう場合の例を引いてみましょう。

【三】次の詩を読んで、後の問に答えよ。(答の用意してある問は、最も正しいと思われることばを○で囲め。)

毛糸にて編める靴下をもはかせ
好めるおもちやをも入れ
あみがさ　わらぢのたぐひをもをさめ
石をもてひつぎを打ち
かくて野に出でゆかしめぬ
おのれ父たるゆゑに
野辺の送りをすべきものにあらずと
われひとり留まり
庭などながめてあるほどに
耐へがたくなり
煙草を嚙《か》みしめてゐたりけり

問一　「かくて野に出でゆかしめぬ」とあるが、
(1)「野」とは何をさすか。

(2) だれを野にゆかしめたのか。

(イ) 自分の妻　(ロ) 親しい友　(ハ) 幼い児

(ニ) 多くの人々　(ホ) 学校に行っている子

問二 「耐へがたくなり」とは、どんな気持に耐えがたくなったのか。

(イ) 愛情　(ロ) 焦躁《しょうそう》　(ハ) 寂寞《せきばく》　(ニ) 嫌悪　(ホ) 思慕

問三 この詩の中で、作者の温かい心が最もよく現れていると思われる一行に傍線を引け。

(三重大学)

公的表現の本質は、散文の場合と韻文の場合を問わず、論文・随筆・文学作品等の区別にもかかわりなく、すべての公的表現のうちにふくまれているものです。それでなくては、公的表現の本質などということは、もともと言えないはずです。ここでもう一度くりかえしますが、公的表現とは、読者——なるべく多くの読者を予想して書かれた表現のことです。だから、文学作品、小説や詩歌をも当然ふくみます。先にかかげた「諸君」というような呼びかけをもったものだけがそうなのではありません。そのことを理解してもらうために、ここに詩に関する問題を一つ取り上げてみました。

一読して、われわれの脳裏には、愛児を失って悲しんでいる父の姿が浮かんできます。すでに死んでしまった子供であっても、父の心では、いつまでも身近く置きたいのですけれども、もちろんそんなわけにはゆきません。ひつぎに収めて、遠い所へ送らなくてはなりません。今はそういう時なのです。父は、子のひつぎに、おもちゃを入れたり、あみがさやわらじを入れたりします。あみがさやわらじは、暗くて遠い死出の旅に必要な品々なのです。それでもまだ心は満たされず、足が冷えないようにと、毛糸の靴下まではかせてやるのです。いよいよ出棺です。父は、慣習にしばられて、子のひつぎを送ることができません。どやどやと皆がひつぎと共に去っていったあと、ひっそりした庭に立って、煙草をかみしめて、寂しさに堪えている父です。そして、この詩における公的表現の本質は、まさしく、そういう悲しい父の姿に読者が共感してゆくところに成立するのです。筆者が、子を失った父の心に詩的表現をあたえ、それを一個の文学として読者の前に置いたのは、子を失った父の悲しみを読者が理解し、その悲しみに読者が共感してくれることを願ってのことであるにちがいありません。そしてそれは、【一】の筆者が、学生に向かって「自覚」を説いた場合と、本質的に何のかわりもないわけです。

問一(1)は、死んだ子を葬る野辺です。埋葬する墓場でもいいでしょう。ただし、火葬場という答は、ここでは不適当でしょう。「野」ということばと調和しません。(2)はもちろん、幼くして去っていった子供です。**問二**は、(イ)・(ハ)・(ホ)いずれでもあやまりではありません。しかし、この場合一番適当なのは、(ハ)だと思います。**問三**は、「温かい心」という設問の仕方があることを暗示しています。一番特殊な行為を述べた、冒頭の一行が、正しい答となるはずです。もう一つ例をあげます。今度は俳句です。

【三】次の句について、後の問に答えよ。

流れ行く大根の葉の早さかな

問一 季語をあげ、その示す季節を記せ。

問二 鑑賞・批評をして適当と思われるものの符号を○でかこめ。

(イ) 大根の枯葉が浮きつ沈みつしているのである。

(ロ) 印象鮮明な写生の句である。

(ハ) 作者は小川のほとりで大根を洗っているのである。

(ニ) 小川の水の早さが目に浮かんでくる。

(ホ) 大根の葉をかりて時の流れの早さを嘆いた句である。

俳句は、多くの場合、何事も主張いたしません。人間生活の一部分、それもごく小さな一部分を、そのまま切り取ってきて、わずか十七文字という小さな詩形につつましやかに表現いたします。だから、そこには「諸君」というような呼びかけもなく、またむつかしい論証もあり得ません。しかし、読者を予想し、読者の共感を期待して作られるものであることにはかわりありません。このことがわかれば、短歌や小説というような、一般に文学作品とか創作とか呼ばれるものが、やはり公的表現という性格を持つものであることは、容易に推察できると思います。

さて、この句を読んで誰の目にも明らかに映るものは、非常な早さで流れてゆく大根の葉の姿です。それ以上でもなければ以下でもない、それだけのことを、この句は告げているのです。注目しなければならないのは、「早さかな」という所です。スーッと目の前を通り、スーッと流れ去ってゆく大根の葉の早さ、それだけがこの句の生命です。それに「大根」という季語が冬を物語るという俳句の約束を考えあわせれば、それでこの句の理解は十分です。流れる水の早さは、小川においてきわ立つものです。それは、悠々とか悠然とか形容される大河の流れとも異り、岩を嚙《か》むと形容される激流とも違います。音もなくスーッと早いのです。冬の田畑が広がっている中を、一筋の名もない小川が、そういう早さで走ってゆくのです。そしてそのことを、大根の葉が示したのです。たったそれだけのことですが、作者はそういう状景に感動し、それを一つの句に作りあげ、われわれの前に示してくれたのです。そういう作者の心に、読者もまたその眼底に、作者の見たのと同じ状景を描き、作者の感動を自分の感動として再現してくれることを願う気持がないはずはありません。それが、この場合の公的表現としての性格なのです。

設問については、もう大方ふれてしまいましたが、**問一**は「大根」「冬」**問二**は㈫・㈡。㈠は「枯葉」というところが不適当ですし、㈬もこの句の場合は全然見当ちがいです。

2　筆者の願い

私は、公的表現の性格について説明する場合に、すでに何度か「筆者の願い」という意味のことばを記してきました。筆者が自分の表現にこめた願いが、つまり、その表現の公的性格を形づくることになるわけです。そういう筆者の願いは次のように整理することができるでしょう。

第一、一人でも多くの読者に読まれること。

第二、一人でも多くの読者に理解されること。

第三、一人でも多くの読者に共感されること。

この三つの願いの中に、あらゆる公的表現に通じる性格を見ることができると思います。公的表現一般に通じる性格という以上は、直接ある問題を論じ、自分の立場を明白にしたいわゆる論文にかぎらず、文学作品にも、随筆や紀行にも、あるいはレポートや報道文にも、はっきり見られるものでなければならないことは無論です。以上の事情を要約すると次のようになると思います。

すべての公的表現には、自分の立場を読者に伝え、それを読者に認めさせようとする筆者の願いが根底に流れている。

【四】次の文章のうち、どの点が最も強調されているかを考え、あとの項目のうち正しいと思うもの一つの番号に〇印をつけよ。

我々の文化が外来文化の摂取受容をその発展の動機としていることは歴史的事実であり、又我々の文化史の性格をなすものである。それの最も重要なるものは上古に於ては儒教と仏教であり、近代に於ては西欧のキリスト教と科学であることも一般に承認せられるであろう。そうしてこれらは何れも常に外国語の学習を通してなされた。従って常に特別の専門家に依ってのみなされる外なかった。この場合外国語の習得が先ず第一の且つ最も根本的な条件であった。

儒教にせよ、仏教にせよ、科学にせよ、何れも直接には語学的なるものでなく、寧ろそれとは対立的なるものであるにも拘らず、我々にとっては先ず語学的研究を通さねばならなかった。寧ろこれらの学問は先ず語学であった。特に科学の如く本来言葉や概念から独立することを特色とする学問であったに拘らず、我々の科学者は先ず言葉の学者でなければならなかった。我々の近代科学史の出発点である蘭学は実は先ず蘭語学であった。科学者であるはずの、そして実際に科学者たることを目標としていた我々の蘭学者が実際に最も時間と精力を費したのは蘭語の習得であった。これは我々の文化の歴史的境位としては避けがたき制約ではあったが、しかし同時にそのために我々の学問の歴史も性格も内面的に深甚な影響を受けたことを認めざるを得ない。語学者或は語学的才能を具有しなければ――外国語を理解し得るものでなければ、我が国に於ては、少くとも過去に於ては学者たること、思想家たることは事実上出来なかった。この状況は今日に於ても猶何らかの形に於て存続していることを認めざるを得ない。このことは我々の学者の重大な負担であるばかりでなく、我々の学問の性格特に我々の思惟の仕方の重大な制約である。

1 我が国に於ては今日もなお学者たるには先ず語学的才幹が必要である。
2 日本文化は外来文化の深い影響の下に発展して来た。
3 我が国の文化の発展に対しては特別な語学の専門家の寄与が大きい。
4 我が国の学問や思惟の方法は古来特殊な語学的制約を受けた。
5 我が国の科学の受容は先ず語学の修得からであった。
6 科学は本来言葉や概念から独立すべきものである。

（金沢大学）

この問題で「どの点が最も強調されているか」とたずねているのは、この文における「筆者の願いは何か」ということです。さらに言いかえれば、この文の「公的表現としての性格は、どこに見られるか」ということです。問題文に関して、それを考えてゆくことにしましょう。全文を見渡すと、それが前後の二つの部分から成り立っていることはすぐわかると思います。そして、その前段で、筆者の言おうとすることは、「我々の文化が外来文化の摂取受容をその発展の動機としていることは歴史的事実であり、又我々の文化史の性格をなすものである。」という最初のセンテンスと、「この場合外国語の習得が先ず第一の且つ最も根本的な条件であった。」という、前段を結ぶセンテンスとにおいて明瞭にそれをつかむことができると思います。この二つの文にはさまれた部分は、具体例と考えてさしつかえありません。われわれはまず筆者によって提示された、日本文化史の特異な性格をしっかり頭にいれなければなりません。と同時に、この前段は、全体として、歴史的事実の指摘であるということも考えておく必要があります。後段に進むと、まず、儒教・仏教・科学等々の外来文化の摂取が、何よりも先ず「語学的研究」の対象として採り上げられたという具体的事実が語られます。「科学者であるはずの、そして実際に科学者たることを目標としていた我々の蘭学者が実際に最も時間と精力を費したのは蘭語の習得であった。」というところまでが、右の事実の記述です。その次のセンテンスは、特に注目を要すると思います。なぜなら、そこにはじめて、われわれは、それまでの事実の記述を根拠とした、筆者の意見があらわれてきているからです。「これは我々の文化の歴史的境位としては避けがたき制約ではあったが、しかし同時にそのために我々の学問の歴史も性格も内面的に深甚な影響を受けたことを認めざるを得ない。」というのは、単なる事実の提示ではなくして、一つの問題の提示であります。そして、その問題は、決して過去に存在しただけのものではなく、「今日に於ても猶何らかの形に於て存続していることを認めざるを得ない。」と筆者は記します。「認めざるを得ない」という言い方はその上に、「遺憾ながら」という修飾語をつけたくなるような響きを伝えます。そして最後に「このことは我々の学者の重大な負担であるばかりでなく、我々の学問の性格特に我々の思惟の仕方の重大な制約である。」という、この一文の結論が記されます。結論といっても、それは、日本文化に負わされた語学的制約という問題に本当の解決を与えるものとしての結論ではありません。一般に入試現代文は限られたスペースしか持たないために、しばしば公的表現の一断片を切り取ってくることになり、したがって本当の解決を示すことの出来ない場合が非常に多い、というよりも、それが普通だと言った方がいいでしょう。しかし切り取ってくるにしても、その一断片において、一応のまとまりを示していないのでは、これはまた問題文となり得ません。そこで、この文における結論も、一応の結論です。語学的制約を不可避なものとして背負い続けているうちに、ついにそのことが「我々の学問の性格」、ひいては「我々の思惟の仕方」にまで一つの制約を及ぼすにいたったというのです。歴史的事実の上に立って問題を提示し、そしてその問題の深刻さを読者に訴えようとする――そこまでがこの部分の役目なのです。つまり、この一文における「筆者の願い」は、日本文化における語学的制約という問題の所在と、その問題のおびる深刻な意味とを読者に物語ろうとするところに明瞭にその姿を示していると見て誤りではありません。それが把握できれば、設問に答えることにはもうさほど骨を折るにも当たるまいと思われます。六つの短い要約には本文の論旨に矛盾するものは一つもありませんが、たった一つのものを除いて、いかにも部分的です。そのたった一つのものだけが、筆者の願うところを、はっきり指しているわけですから、もうこれ以上申し上げる必要はありますまい。

【五】次の短歌に対する左の九つの見解の内、正しいもの二つ（必ず二つ）を選んで番号の上に○印をつけよ。

のど赤き玄鳥《つばくらめ》ふたつ屋梁《はり》にゐて足乳根《たらちね》の母は死にたまふなり

1　母つばめの死をうたったものである。
2　二羽のつばめの内一羽の方が母つばめである。
3　二羽とも子つばめである。
4　自分の母の死をうたったものである。
5　屋梁にいる二羽のつばめは、不吉な予感を与えるものとしてえがかれている。
6　屋梁にいる二羽のつばめは、作者の悲しみの眼がとらえた真実の姿であるにすぎない。
7　ひろく母性の死というものをうたったのである。
8　よりそう二羽のつばめは、この世のはかない平和や愛情というものをあらわしている。
9　母の死は、人のみならず、すべて生きとし生けるものに、避けがたくおとずれる運命であるとして、たとえばつばめがあげられたのである。

（岩手大学）

この歌の作者が、読者に訴えているものが、単に下の句の「母は死にたまふなり」だけであるというのは、もちろん少し言いすぎです。しかし、眼前に迫った母の死——どうするすべもない母の死に対する、深い悲しみが、この歌の根本に在ったことはやはり否定できません。そこには、一種のあきらめに似た気持も感じられます。すでに尽くすべきことは尽くした、もうこれ以上なすべき手段もない、しかもついに母の生命をつなぎ止めることは不可能であった、驚きや狼狽はもう消えて、今はただ母の上に落ちかかろうとしている死を静かに見つめている——そういう子の心がこの歌を生み出したのです。子の悲しみは、静かなしかし身にしみとおるものだったにちがいありません。そういう心でじっと母を見つめる視線をふと一瞬屋梁に移すと、そこには二羽の玄鳥がいたというのです。深い悲しみに洗われ、一切の雑念をぬぐい去った作者の目は、その二羽の玄鳥を、いかにもくっきりと映し取ったのです。「のど赤き」という初句がそのことをよく物語っています。つまり、この歌は、母の死に対する切ない悲しみと、その悲しみによって清められた作者の目に映った二羽の玄鳥と、この二つのものが一つにとけあうところになり立ったと考えれば、ほぼ理解できたわけです。「作者の願い」が、そういう人生の一瞬間の心情に、共感をおしまないでほしいというところに見出だされていいことは言うまでもありません。そこに、一首の短歌のうちにもこもる、公的表現としての性格があるわけです。

設問について一言すれば、4はすぐわかるでしょうが、もう一つの答えとしては5、6、8、9あたりで、いろいろなものが出てきそうです。しかし、以上に述べたように考えれば、と言うことは、素直に考えればということなのですが、5、8はすて去ることができると思います。9は、それ自身意味があいまいです。「たとえばつばめがあげられた」とありますが、つばめの母だって死ぬのだ、というのか、単につばめにも死はおとずれるのだというのか、どちらにとっても、あまりすっきりした意味が受けとれません。そして問題の注文にあわないことには、疑問の余地はなさそうです。

第一章　前提

――「たった一つのこと」のための――

1　問題意識

第一章において、私は、筆者の願いが公的表現の性格を形成するということを述べました。そして、そのことをしっかり理解するのが、現代文を読む場合の重要な予備であることを申しました。今度は、読まれる対象から読む主体に視点を移して、読むものの内に、どうしても無くてはならない二つの前提について記します。その一つは、読者自身の問題意識です。

「現代文とは、何等かの意味において、現代の必要に答えた表現のことです。」

これがわれわれの出発点でした。「筆者の願い」とか「公的表現の性格」とか言ってきたものも、要するに筆者が「何等かの意味において、現代の必要に答え」ようとしたところを指して言ったものだったのです。それが現代の政治や経済に関する発言である場合はもとより、現代に生きる個人の微妙な感情の動きを伝えようとする詩歌や俳句にいたるまで、およそ読者を予想して書かれた文章表現にあっては、常に読者の理解と共感を願う筆者の願いはこめられているはずです。そういう公的表現の理解に当たって、どうしても欠くことの出来ない前提は、筆者の関心する問題について、読者もまた相応の関心を持つことができるかどうかということです。人間の理解や知識は、関心と経験を経ることなしにはけっして育ちません。人間の文化を、その根底において支えているものは、いつの場合でも生活の必要ということなのです。海を知らない山国に生まれた文明に、船を期待することはもともと無理なことでしょう。もっと身近なことで言えば、例えばわれわれの身体というものは、われわれに最も親しいものです。むしろわれわれ自体です。われわれの行為とは、つまりわれわれの身体の様々な運動であります。しかしそれでいて、われわれはその身体を絵にしようとすると、なかなかうまく描けないのが普通です。歩いているところ、走っているところ、坐っているところ、身体を曲げたところ等々、いずれもうまくはゆきません。ましてそれを、上から見下した場合とか、下から見上げた場合とかいうことになると、われながら吹き出してしまうようなデッサンが出来上るにちがいありません。もし疑うなら、実際に鉛筆をとってやって御覧なさい。ところが、特殊な人々がいて、それを苦もなくやってのけます。それは画家たちです。それがすぐれた画家か否かということとは別問題として、とにかく画家である以上は、人間の姿態をそれらしく描き出すことくらいは朝飯前のことにちがいありません。何故か。画家は常に、描くという意識において人間を見ているからです。そして、われわれには、そういう意識が通常全く欠如しているからです。画家にとって描くということは、彼の生活の本質ですが、画家でないわれわれには、そうではないからです。それならわれわれの生活の本質はどこにあるか。あなた方は現在高校生であるか、高校の卒業生であるかどちらかでしょう。そして大学入試という当面の課題を共有しているわけです。そうすると、あなたがたの目下の生活の中心をなすものは、高校卒業程度の学力を、確実に体得するということであるはずです。高校卒業程度というのは一つの必要条件ですが、それがそのまま十分条件であり得るかどうかには多少の疑問があるでしょう。学問に関することは誰に遠慮もいりません。どんなに欲張っても、そのために他人の分け前がへるなどということは、学問や知識に関する限り、けっしてありません。大学一年程度でも二年程度でも高い分にはいくら高くてもかまいません。画家は描くことに生活の意味を認めるが故に、描くことができたのでした。それなら、あなた方は、勉学に生活の意味を認めているのですから、学力を高めてゆくことが出来るのは当然のことでなくてはならないはずです。従ってあなた方の、学問的関心は、高校卒業程度という一応のレベルに立って、その範囲において、あらゆる分野に、常に生々と働いていなくてはならぬはずです。そして、受験のための勉強も、つまりは、そういう関心をなるべく広く、深く、生々と保つということの上に考えられなくてはならぬはずです。そこに私は、一番正しい受験準備の姿があると信じます。もしそうしていれば、すでにあなた方の問題意識は、充分の幅と深さを持ち得ているにちがいありません。しかし、私の見聞するところによると、事態は必ずしもそういう風に、うまくいってはいないように思われます。とくに、現代文がわからないという嘆きが、そのことを物語っていると思います。現代文がわからないという場合の多くは、実はあなたがたの問題意識が極めて稀薄であるか、または全然欠如していることの告白であると私は断言いたします。ここで是非一つ、あなた方一人一人、ご自分の心をのぞいて頂きたいものです。何がありますか。もしそこにあるものが、単に、見たい、聞きたい、食べたい、行きたい等の、総括して自分の感覚を満たそうという願いだけだったとしたら、そういう人に、入試現代文が難解であるのは、当たり前ではありませんか。そういう人は、無理をして、自分の精神年齢を引き上げなくてはなりません。無理をすることがどうしても必要です。例えば、仲間が口をそろえてむずかしいという本があったら、無理をして、それを読破して、いやさしいと言うのです。批評家など盛んにほめるが、あんな小説――映画でもよろしい――のどこが面白いのかさっぱり解らないと友達が言ったら、それをよく読み、熱心に見て、いやたしかに面白いと言うのです。こういう無理は、青春期においては少しもみにくいものでも、恥ずかしいことでもありません。青春時代は、人間的教養を身につけなくてはならない時期です。Cultivationとはもと耕作し、育成することです。それは、関心する世界を開拓し、そこからさまざまな収穫を得ようとする態度なのです。

【六】 次の文章を読んで、要旨として最も適当と思うものの番号を後の項目から選び、○で囲みなさい。

家族制度の伝統は、ただ法制上の問題ではなくして、われわれの生活様式・生活手段として、そのうちに倫理化し、観念化し、感情化し、根強く今日でも生きつづけている。封建的な家名尊重・家督相続・家長権などが廃止されても、家の観念は個人の日常生活のうちに、倫理として、その経済条件の変化からくる矛盾にもかかわらず、強い呪縛《じゅばく》力をもちつづけている。この倫理が、家族の一人一人を個人として自覚させ、また社会人として人間らしい活動をさすることに、また人間らしい相互理解・相互扶助に立つ夫婦生活を営ますることに、どれほど桎梏《しっこく》としての役割をもっているか、陰鬱な宿業を築いているかを、自然主義文学はそれ自身の課題として描き、また批判した。しかし、このことはわが国の自然主義文学の特徴であるとともに、またその制約でもある。なぜならば、自然主義文学は、家の問題を、ただ家の現実から、せい〴〵家の歴史から描いただけで、この家の存在する社会関係、その秩序と倫理とから描きあげることができなかったからである。自然主義文学は、家族成員の個人々々の苦悩を、人間らしく生きようとするあがきを、自然的人間の本能的要求から描いてみせたが、社会と個人とのあいだに立ちはだかっている家が人間を苛酷にもひきさいて矛盾に陥れている苦悩として、その矛盾の根深い根底から書くことを知らなかったのである。自然主義文学は「家」の封建的倫理を打破して、そこに新しい合理的な家族秩序を打ちたてる市民倫理を摸索しながら、その個人主義・自我主義は根強い家族主義に代る倫理をきりひらくことができず、人間の品位と尊厳とを無視した妥協と諦観《ていかん》に終ってしまった。かようにして家の問題はその複雑さを未解決のままに残して、その解決がわれわれの生活様式の解決と関連して、別の観点から実現されなければならず、そこに多くの文学の主題となるべきものをもっている。

1　わが国の自然主義文学は、それが個人主義に止まって、社会的な視野の目が開けていなかったために、家の問題に根本的な解明を果し得なかった。

2　家族制度の桎梏は、封建的な関係法規の廃止にもかゝわらず、日常生活の倫理として、今日もなお家族の一人々々をきびしく束縛している。自然主義文学はこのことを描きはしたが、ついに不徹底に終った。

3　自然主義文学は、家の問題をその現実と歴史から描いただけで、社会と個人との関係から描くことができなかったために、惜しくも失敗してしまった。

4　わが国の家の問題は、われ〳〵の生活様式の解決とともに、自然主義文学の立場からは根本的な解決が得られず、別の観点から実現されなければならない。そこに多くの取り上げらるべき文学の主題も残されている。

この文章は、論理の筋のよく通った、その意味では誤解の余地のまったくないものと言ってもいいでしょう。だが、そういう風にこの文章を受取るためには、読者は、少くとも二つの事がらをまず理解することが前提となります。その一は、例えば「家族制度の伝統」とか、「家長権」とか、「経済的条件の変化」等のことばの指し示すものを、具体的に把握することです。

それらをどれだけ具体的に感得することができるかということが、結局この文章全体に対する理解の程度を決定するということになるわけです。つまり、日本における重要な社会問題の一つである「家の問題」について、読者がどれだけ関心を持っているかということ、さらに言えば、読者が自分の平生の生活を、一度でも「家の問題」の一例として、そういう問題意識においてながめたことがあるかどうかということ、それがやがて、この文章の理解の度合いを大きく左右してくることになるのです。その二は、自然主義文学についての理解です。この文は、家の問題を自然主義文学に関して、と言うよりは、自然主義文学を、家の問題の面から論じたものですが、「自然主義文学」ということばを、いきいきと理解するためには、少くとも、田山花袋や島崎藤村やの作品の一、二編を読んだという体験が必要です。そして藤村の「家」や、花袋の「生」などを本当に理解するためには、逆に家の「強い呪縛《じゅばく》力」と現実に直面した記憶がなければならないわけです。そしてそういう体験や記憶の一つや二つは、すでに成年に近い諸君に無いはずはないのです。客観的にはたしかにあったにちがいないのですが、しかし、明瞭な問題意識において捕えなかった場合は、あいまいな形でしか残らず、全然意識から消えてしまっている場合もあるわけです。もし、「家の問題」や「自然主義文学」が、全然自分から遠いものであり、したがって全く訳のわからないものであるとしたら、この程度の文章でも、全く雲をつかむようであるにちがいありません。つまり、問題意識の欠如が、文章全体を解き難いものとしてしまうのです。

この文章が、自然主義文学の業績を歴史的に解明したものであることを見ることは、あなた方にもそんなに困難ではないはずです。一般の家の問題をあつかったのではなく、それを文学史上の問題として考えようとしている点を、まずしっかりつかむ必要があります。そして、この文の筆者が、読者に強く訴えようとしているのは、「家の問題を、ただ家の現実から、せいぐ〵家の歴史から描いただけで、この家の存在する社会関係、その秩序と倫理とから描きあげることができなかった」という、わが国自然主義文学の限界についてであることに気附くことが、やがて設問に正しく答える有力な手がかりとなるのです。右の引用部が、この文章の一番大切な論点であることは、それに引続く「自然主義文学は……その矛盾の根深い根底から書くことを知らなかったのである。」というセンテンスと、さらにそれに続く「自然主義文学は……妥協と諦観に終ってしまった。」というセンテンスと、この二つの長いセンテンスにおいて、同一の主張がくりかえし解説されている点からも、疑う余地はないと思います。このように、筆者の願いが把握されれば、言いかえると公的表現としての本質が把握されれば、もう設問に答えることは、そんなに困難ではないはずです。不適当なものから除去してゆきますと、2において、自然主義文学が「封建的な関係法規の廃止にもかゝわらず、日常生活の倫理として、今日もなお家族の一人々々をきびしく束縛している」という事実を描いたとあるのは、明らかにあやまりです。自然主義の時代は、明治三十年代の末から四十年代の初にかけての時期であり、「関係法規の廃止」は、戦後のことに属するのですから。3は、大体筆者の言おうとしたところをつかんでいるのですが、「惜しくも失敗してしまった」という結び方に問題があると思います。筆者は、自然主義文学の限界を語っているけれども、それはあくまで、歴史的制約の問題であって、「惜しくも失敗した」とか失敗しなかったとかいう問題とはちがいます。失敗とか成功とかいうことではなく、苦しんであるところまで歩いた、という指摘なのです。4は、一文の要旨の上に立った、将来への見通しです。「自然主義文学の立場からは根本的な解決が得られず」というような言い方ではなく、なぜ解決が得られなかったかという事情を歴史的に述べるところにこの文の要旨は見られるべきです。一番傷の少いのはしたがって1ということになるわけです。

【七】次にかかげるのは、卒業後どう生きていくかについてのAB二人の対談記録である。これを読んで後の問に答えよ。（ABの上に付した数字は、発言の順を示す。）

(1)A　ぼくは今の学生には多少他力に依存するという傾向があるように思う。社会を暗く感ずるのも、そのためじゃないかと思う。あまり他人の力をあてにしているから暗くなる。今の世の中は暗いが、その先にはよい社会が見えているときだと思う。それをひとつやってみよう。どんなところでもよいからやってみようという気になれば、非常に明るくなるのじゃないかと思うのです。そういうことがちょっと足りない。なにか他人が世の中を良くしてくれて、自分が良くするという気持のない者が多いのですね。

(2)B　ひとつは戦争というものが現代の若い世代に悪い影響を与えて、なにかいちずになってはばかをみるということを、なまはんかにわかってしまったというような点がみられます。ですから自分が夢中になって何かに飛びこんで、ばかなめをみてはつまらぬというので、人がやってくれるなら後からついていこうという気風にもなるのですね。

(3)A　そういった学生のリアリズムは、戦争のせいで、世間を知り、ある意味でおとなになったということは弊害ですね。かえっておとなになりきっていないところがある。

(4)B　わたくしがつねづね感じていることですが、日本では学校と社会との距離が非常に大きいと思うのです。学校で勉強した学問は社会に出たら通用しないと、社会では言うし、学生も学校にいるときは、いろいろの議論をしたり勉強したりして、それはそれなりに学問に興味を感じたりしていても、社会に出てみると、なにか自分の学問は通用しないものだと、わりあいに早くあきらめてしまうのです。ある学生は就職のきまった時にそう割りきってしまう。そういう意味で社会とわれわれの学んでいる学問との間に距離があるということは事実です。そこで学生の間にその距離をはっきり認識しておくことがまず必要だと思うのです。そして次に、社会のもつ問題を解くかぎというものが自分たちの学問の中のどこかに生きていなければ、ほんとうの学問ではないはずですから、学生諸君は社会に出た後も、学校で学んだものをたち切ってしまわないで、もう少しなんとか学問的な目で社会をつかみ、社会の中で考えながら生活をしてもらいたいと痛切に感じます。

(5)A　わたくしが自分のやっていく仕事のうえで考えるのは、歴史を考えることです。いろいろの歴史や人の伝記を読んでみていると、いろいろなことが行きづまっても、歴史というものは常に障害を越えて前方に動いていくのがよくわかるのです。学生諸君も世の中に出てからも、とにかく社会を前方に押していくことに自分の生活が関係があることを考えると、非常につまらないように思われる仕事をしておっても、そこに明るさを見いだすことができるのじゃないかと思う。人間は自分のことばかりを考えていると、行きづまれば暗くなるのです。それぞれ自分の性格や境遇や世の事情にしたがって、歴史を前の方に押して行くために、少しでも自分が参加している、社会全体を良くするために、自分のやっている仕事は役にたつのだと考えることがたいせつだと思います。

(6)B　社会に出てみると、社会の習慣的な力が大きくおしかぶさってきて、学生時代に持っていた、いろいろな、それなりに純一な考え方が、社会の流れの中に巻きこまれてしまうのです。それに対して抵抗を感じますから、学校を出て二年、三年とか四、五年という間は、その間にはさまれていろいろ苦しいものです。それで四、五年たった時一つの危機になるのではないかという気がします。そのとき、学生時代にいだいた理想や身につけたものを、何かの形で生かして、人生の危機を乗りきるかどうかということによって、いろいろな意味で伸びていくか、そこで止まって惰性的な人間になってしまうかということが決定されてしまうように思われます。今日の社会は、非常に大きく激動している時代ですから、こうした時期を大胆に乗りきっていく勇気を持ってもらいたいと思いますね。

問一 1 この対談の全体の流れをながめてみると、大きく前後二つの部分に分れる。本文のその切れ目にあたる箇所に『じるしを付けよ。

2 (2)Bの傍線の箇所の内容に相当する部分を(1)Aの発言の中に求め、本文のその箇所を「 」で囲め。

問二 (4)B、(5)Aの発言について次の問に答えよ。

1 BとAが学生に要望している最も重要な部分を要約して、三十字以内で書け。

2 BとAは何を根拠として右の要望を提出しているか。それを最もよく示していると思う単語をそれぞれの発言の中から選んで、次の空欄に記入せよ。

Bは□に対する信頼を根拠としている。

Aは□に対する信頼を根拠としている。

（広島大学）

諸君の問題意識の範囲を、諸君自身で見きわめる手がかりとして、右の問題などは、適当なものだと思います。そこであつかわれていることは、出題者のことばのとおり、大学を「卒業後どう生きていくか」の問題です。そしてこれは、明らかに、現在、大学入試に直面している諸君にとっては、一つ段階を飛びこえた、その意味では無理な問題と言えないこともありません。しかし、この程度の無理は、当然覚悟しなくてはなりません。現実に出題されている現代文を見ると、もっと無理なものが、本質的に無理なものがあるのです。この問題は、これから大学に入ろうとする諸君に、卒業後の生き方について考えさせようとする無理はたしかにあり得ましょうが、しかし、それは本質的な無理ではないはずです。何故なら、この問題は、現在あなた方の直面している学校卒業後どう生きてゆくかの問題をそのまま延長し、拡大しさえすれば、そこに当然予想される問題だからです。むしろ、この問題の核心は「生きる」ということがどの程度解っているかです。これは、実は、容易ならぬ問題で、「生きる」ということを本当に知り、いつの場合でも「よく生きる」ことができれば、それで人間としては申し分はないわけです。人生論とか人生観とかいうものは、結局、「生きる」ことに関する答えなのです。

「一体日本人は生きるということを知っているだろうか。小学校の門を潜ってからというものは、一しょう懸命に此学校時代を駈け抜けようとする。その先きには生活があると思うのである。学校というものを離れて職業にあり附くと、その職業を為し遂げてしまおうとする。その先きには生活があると思うのである。そしてその先きには生活はないのである。現在は過去と未来との間に劃した一線である。此線の上に生活がなくては、生活はどこにもないのである。そこで己は何をしている。」

これは森鷗外の小説「青年」の一節です。そしてこれは、作者鷗外が、自分の分身たる青年小泉純一の日記の断片という形において、自己の人生観を物語った部分です。これも「生きる」ということに関する一つの答えであると言えます。「生きる」という問題は、そういう大問題なのですが、しかし、同時にそれは、年齢を問わず、立場にかかわらず、すべての人間の問題であります。深刻な問題であると同時に、万人の問題であるところに、実はこの問題の真の意味が見出だされていいのです。子供には子供の生き方があるし、高校生には高校生の生き方があるわけです。だからこの問題をめぐって、入試問題が作られても、別に不当なことにはならないのです。

問題文を一読しますと、そこにはいくつか、「生きる」ことに関する意見が示されていることに気づきます。まず(1)Aが、今の学生の生き方の中に見られる「他力に依存する傾向」を指摘します。それを受けて(2)Bは、その傾向のうちに戦争の「悪い影響」を見ようとします。(3)Aは、さらにそれを受けて、戦後の「学生のリアリズム」を一の弊害だと言います。今度は(4)Bが、「わたくしがつねづね感じていることですが、日本では学校と社会との距離が非常に大きいと思うのです。」と発言しますが、(1)から(3)までの対話は、ここで一つの飛躍をいたします。(4)は、(1)から(3)までと全く無関係ではありませんが、しかし明らかに、そこから新しい視野が開けます。「学校と社会との距離」の問題がそれです。Bは、その距離をちぢめるために、大学を卒業後も「学問的な目で社会をつかみ、社会の中で考えながら生活をしてもらいたい」と希望します。(5)Aは、そういうBの意見を直接受けて、同じく、「学校と社会との距離」をちぢめる具体的工夫として「自分のやっていく仕事のうえで」「歴史を考えること」を述べ、そのことによって、「歴史を前の方に押して行くために、少しでも自分が参加している」という明るい確信を持つ必要を説きます。(6)Bは、(5)Aのことばを肯定しつつ、実は(4)の考え方をさらにおしすすめ、卒業後四、五年のころにめぐってくる一つの危機を学生時代にいだいた理想や知識によって乗りこえるべきであると結びます。

Aの意見も、Bの意見も、ともに難解というほどのものではありません。むしろ、常識的なものです。だから、この程度のことばだったら、十分理解できるはずです。少しでも、自分の生活について反省し工夫することのできるものだったら。ここでも、そのようなことを一度も意識しないような、問題意識の欠如は、致命的です。

設問の**問一**の1については、すでに述べました。論旨の飛躍したところが切目です。2も解りやすいと思います。「他力に依存するという傾向」が答えです。**問二**12は、実は一つの問題です。(4)Bのことばの中「もらいたいと痛切に感じます。」(5)Aのことばの中「たいせつだと思います。」という部分のあることに注目すれば、自然に解決がつくでしょう。それらはいずれも、「要望」を強く述べていることばなのですから。

(4)B「学問的な目で社会をつかみ、社会の中で考えながら生活すること。」

(5)A「歴史を前方に押してゆくのに、自分の仕事は役立つと考えること。」

Bの根拠はもちろん「学問」に対する信頼であり、Aの根拠は「歴史」に対する信頼であることは、もう言うまでもありますまい。

以上で、入試現代文読解の前提としての問題意識とは、どういうものであるかは大体おわかりになったと思います。問題意識の開拓の必要なこともほぼ感じ取られたことと信じます。問題意識とは、物事を問題の対象として取り上げる意識のことでした。それを、今度は、意識された物事の側に視点を移して言いますと、問題意識とはつまり知識のことになります。知ろうとする心と知られたものとの関係がそこに成立します。そしてこの両者は、もともと切りはなすことの出来ないものです。知ろうとする心のないところに知識は生まれるわけはありませんし、あべこべに、あることがらに関して深い知識を持っているということは、そのことがらを深く知ろうとする心の存在を物語らずにはいないからです。今までは、主として知ろうとする心の面で、問題意識を考えてきましたから、これから少し、知らるべき物事としての知識という面について述べたいと思います。以下に述べることとは、受験生諸君にとって、当然問題とすべき事がらであり、一応は知っておくべき事実なのです。

現代文の根底をなすものは、現代の思想であります。私は先に現代文を、「何等かの意味において、現代の必要に答えた表現」と規定いたしましたが、「現代の必要」に答えようと考えるのが、つまり「現代の思想」なのです。そういう現代の思想は、さらに、ルネサンス以後のヨーロッパにおいてその典型を示したいわゆる近代精神を根底としています。

この近代精神——中世のものの考え方とはっきりちがった新しい精神は、まずヨーロッパに起り、次第に全世界に波及して、あらゆる国、あらゆる民族に、近代という新しい時期の到来を告げたのでした。日本の近代もまたその例にもれません。明治維新をきっかけとした近代日本の歴史は、結局ヨーロッパ文化の移植による、封建制打破の歴史であったわけです。このようなヨーロッパ近代精神は、一般に、三本の柱によって支えられていると言われます。人間主義と合理主義と人格主義。これが三本の柱なのです。

人間主義というのは、ヒューマニズムの訳語です。他に人道主義・人本主義・人文主義等の訳語もあります。このヒューマニズムこそ、ルネサンスの精神であり、ひいては近代文化全体の母胎となったものです。簡明に言うと、人間性を尊重し、これを束縛し、抑圧するものから人間の解放を目ざす態度を指します。ルネサンスが、中世における精神的束縛から人間を解放する運動であったことは、すでに諸君のご承知のことと思います。そしてその目指すところは、新しい人間の発見と確立でした。中世における学問や芸術が、文字通りキリスト教会の召使であったことに抗して、新しく起った市民階級は、自己の利益と興味とに立脚して、ギリシア・ローマの人間中心の学芸を復活させました。それらの古典の中には、キリスト教や中世思想にゆがめられない人間性が、生き生きと躍動していたからです。そのような人間性の追求によって、みずからも新しい人間として現実に再生すること、ここに近代ヒューマニズムの原理が見られていいのです。この現世的人間主義の主張によって、中世における宗教的権威は激しく否定されました。だから、ヒューマニズムの宗教世界内部への反映が、宗教改革であったわけです。今は、これ以上くわしく述べることをひかえなければならないが、ヒューマニズムに関する論述が、入試現代文としてしばしばとり上げられるということは、以上の歴史的事実からも、極めて当然のことと言わなくてはなりません。

【八】 次の文中に、その論旨からいって、一字だけ訂正を要する箇所が四つある。それを見出して訂正せよ。

ヒューマニズムの倫理思想の中心をなすのは、いうまでもなくヒューマニティの思想である。ヒューマニティというのは、人間性あるいは人間の自然である。だからヒューマニズムは人間の自然を抑圧するもの、歪曲するものに対して、人間性の擁護を主張し、人間性の解放を要求する思想である。人間の自然を抑圧乃至歪曲するものと考えられるのは、一般的にいうと、人間を超えたものである。そしてまず宗教、特に超越的なもの、此岸的なものを強調する宗教が、かようなものと見られるであろう。これに対してヒューマニズムは、彼岸的な、あるいは内在的な立場に立つであろう。この内在的な立場というものが、従来のヒューマニズムの一般的な特徴である。この特徴は、神というようなものを考える場合に於ても、ヒューマニズムの特徴として保存せられている。すなわち、その場合にも、神は超越的なものとしてでなく、外在的なものとして理解せられるのである。神は人間の外にあるものと見られ、人間性と神性とは連続的、融合的に考えられるのである。

（東京大学）

先にも簡単にふれたように、ヒューマニズムは、近代文化一切の母胎で、非常に幅の広い思想で、したがっていろいろな解釈ができるわけですが、この文章の筆者は、「人間性の擁護と解放」という観点から、それを考えております。それでは、何に対して人間性を守り、人間性を何から解放しようとするのであるかを読みとることも、さして困難ではないと思います。ここで「人間の自然を抑圧乃至歪曲するもの」と考えられているのは、「一般的にいうと、人間を超えたもの」であり、そういうものとして具体的に考えられるものは、「まず宗教」であると筆者は記します。こういう考え方が、けっしてこの筆者だけのものでないことは、先の簡単な解説からも明らかでしょう。ところで、こんな風に、人間性を抑圧するものと考えられた場合の宗教というものは、当然、人間の思考や感情とは無関係な、絶対の権威でなくてはならないはずです。神は、人間とは切りはなされた、人間の外にある存在であるということにあります。ここで、右の文中の「この内在的な立場というものが、従来のヒューマニズムの一般的な特徴である。」という記述に目を止めることにします。内在的というのは、内に在るということです。言いかえると、外在的とか超越的ということばと、ちょうど反対の事実を指すことばです。ヒューマニズムの立場に立つものが、宗教の世界において、鋭く対立しなければならなかった神は、まさしく「人間を超えた神」でした。中世教会の説く神は絶対であって、人間は自己の内心においてどんなにそれに対して疑いをいだき、不合理を感じようとも、それを口にしたり行為にあらわしたりすることは全く許されませんでした。ここでこの文中に用いられている「彼岸的」「此岸的」という一対の語に注意したいものです。彼岸という語は、彼岸会《え》とかお彼岸とかいう、仏教用語としてご存知の方も多いと思いますが、ここでは、神と人との間に断絶を見る立場を意味することに気がつけばよいのです。彼岸は向う岸であり、それに対して此岸はこちら岸です。ここまでたどってくれば、神について、二つの系列の語群のあることに気づくはずです。一つは、超越的――彼岸的――外在的な神であり、他は、内在的――此岸的――連続的――融合的な神です。ヒューマニストたちの心に宿った神が、このうちの後者に当たることは、この文章の結びの部分からも明らかでありましょう。設問に答える用意は、すでに十分です。丁寧に問題文をたどっていって、最初に疑問を感じるのは「そしてまず宗教、特に超越的なもの、此岸的なものを強調する宗教」というところです。「超越的」と「此岸的」とは、明らかに矛盾します。どこか間違っているのです。人間を越えたものとしての神と、人間の内にある神と――われわれはどちらかをえらばなければなりません。同様な矛盾は、つぎに、「ヒューマニズムは、彼岸的な、あるいは内在的な立場に立つ」というところにも見出だされるでありましょう。「彼岸的」と「内在的」とは、これもまた明らかに矛盾いたします。第三には、「神は超越的なものとしてでなく、外在的なものとして理解せられる」という部分が目につきます。この場合は、「超越的なものとしてでなく」と「外在的なものとして」とが矛盾いたします。最後に、「神は人間の外にあるものと見られ、人間性と神性とは連続的、融合的に考えられるのである。」という結末の部分が、明らかな矛盾をはらんでいます。「人間の外にあるもの」とは、人間を超越し、したがって人間と非連続なものであるはずであるからです。設問に指定されたように、この問題文には、たしかに四箇所、訂正を要するところがあります。そして、それ以上はありません。

現代文の根底をなす近代精神の第二の柱は、合理主義です。合理主義は rationalism の訳語です。理性主義、理性論などとも訳します。いろいろな分野にわたる語で、したがってさまざまな意味をふくみますが、どういう場合においても、人間の理性を、人生観・世界観の中心におく考え方である点においては、かわりはありません。だからこの立場は、非合理的なものの一切に対して、さまざまな形で反抗いたします。古代ギリシアにおいては、人間を越えた非合理的運命に反抗いたしました。中世末、近世の初頭においては、宗教の非合理的権威に対して、強く反抗いたしました。しかし、特にこの合理主義が有力な力を示し得たのは、それが、自然科学と結合したことにもとづきます。この両者の結合によって、はじめて、自然現象のすべてをつらぬくものは、無目的な、没価値的な因果の法則にあるという立場が確立され、そこから人間は、一方に、世界を神の摂理と見る目的的立場から解放されるとともに、他方、自然の法則を知ることによって自然を人間のために利用するということが可能となったのでした。そこに自然は、今までと異った姿において展開を示しました。ヒューマニズムが、中世教会の手に縛られた人間の解放であり、その意味における新しい人間の発見と確立であったのに対応して、これは、まさに新しい自然の発見でした。この意味において合理主義――特に科学的合理主義は、ヒューマニズムの自然的世界への展開と見てさしつかえないわけです。

【九】次の文中の空欄の中に、左記の語句の中で適当と思うものにつき、その語句の番号を記入せよ。

科学的精神を強調することは決して抽象的な科学主義を主張することではない。[A]はどこまでも合理を探求する精神であると共に、常に[B]とを忘れないものでなくてはならぬ。謙虚、懐疑を忘れる時は、科学的精神はむしろ[C]になる。この点においてわれわれは[D]を反省してみる必要がある。懐疑論にはもちろんいろいろあるが、そのうちには、独断に対して[E]し、たといみずから積極的に[F]を発見するまでには至らないまでも、少くともそのために[G]が少なくないのである。科学者は独善家ではなく、[H]を常に反省するものでなくてはならない。科学者に[I]のあることもここから考えられる。むしろ真の科学者は常に[J]であるといってよい。

(イ) 合理　(ロ) 不合理　(ハ) 既成の原理　(ニ) 懐疑と謙虚　(ホ) 努力家
(ヘ) 科学的精神　(ト) 世上の偏見　(チ) 懐疑論　(リ) 宗教的な人間　(ヌ) 独断論
(ル) 独善家　(ヲ) 懐疑　(ワ) 恒常性　(カ) 道を開いたもの　(ヨ) 敬虔
（東京教育大学）

「科学的精神を強調することは決して抽象的な科学主義を主張することではない。」という最初のセンテンスから、筆者が何を言おうとしているかは、ほぼ見当がつくはずです。さらに、「謙虚、懐疑を忘れる時」「懐疑論には……いろいろあるが」「独断に対して」「科学者は独善家ではなく……常に反省するものでなくてはならない」等々のことばをたどる時、何箇所かの脱落はそのままにして、大きく全文の要旨をつかむことができるでありましょう。ここで、「科学主義」とは、真に科学を知らぬものの盲目的な科学尊重を意味するものであることをつかむことが必要です。われわれの周囲に、その実例はいくらでもあるでしょう。薬の効用を、広告宣伝の文句のままに信じこむのは、例外なく薬に関する素人であること、美術に縁遠いものほど美術家に心酔し、無学なものほど学問を畏怖《いふ》する等々はいずれもその実例です。真の科学的精神は、「どこまでも合理を探求する精神」ではあるけれども、けっして、われわれの理性の限界を知らぬものではないのです。人間理性を盲信する態度は、合理的でも、理性的でもあり得ません。そこからあらゆる独断や独善が生まれ出る、実ははなはだ不合理な態度なのです。
そして、そういう事態を矯正するものとして、懐疑論は意味を持つのです。科学者は常に独断を恐れ、謙虚に自己を反省するものでなくてはならないのです。真の合理に到達する道は、不断の反省と懐疑を不可欠とするものなのです。大体こんな風に問題文を読みとることができれば、解決はすでに時間の問題です。

近代精神の第三の柱は、人格主義です。人格主義は、personalism の訳語で、人格に最高の価値を認めようとする立場を意味します。人格ということばが、さまざまな解釈を持つものであるために、人格主義もまた、いろいろな主張をつつんでいるけれども、ここでは近代精神の支柱として、とくにカントによって確立された人格主義が、重要な意味を持つのです。そこでは、人格は道徳の立法者として考えられます。だからそれは、いかなる場合においても、他の目的のための手段となることのない、自己自身を目的とするまったく自律的な自由の主体と考えられます。人間社会において、身分とか地位とかいうものに権威を認めず、すべての人間は、人間として自由であり平等であるべきであるという考え方、あるいは、社会制度は人間のために人間によって形造られるべきものであるという考え方等——いずれも近代的なこれらの思想は、みなこの人格自律の信念にもとづいて生まれたものだったのです。この信念の不徹底な社会は、たとえどのような外見上の文明の華やかさがあったにしても、それは、健全な近代社会とは言えません。今日われわれは、果して自己の人格に、まったき自律と自由を確信し得るでありましょうか。そこには、いろいろな問題が横たわっているはずです。日本の近代というものの歴史の特異性が、はっきり浮かび上ってくるのもそこなのです。そういう問題に関する問題意識——解決ではありません——の有無こそが、度々くりかえしますが、現代文読解の基礎なのです。このような人格主義が確立されることによって、はじめて個人の尊厳、個性の尊重が明確に根拠を与えられ、したがってまたそこから、近代市民社会の思想としての個人主義——利己主義ではない——が樹立されていったのです。

【一〇】次の文章を読んで、後の問に答えよ。

何を与えるかは神様の問題である。与えられたるものを如何に発見し、如何に実現すべきかは人間の問題である。与えられたるものの相違は人間の力ではどうすることも出来ない運命である。ただ稟性《ひんせい》を異にする総ての個人を通じて変ることなきは、与えられたるものを人生の終局に運び行くべき試練と苦労と実現との一生である。与えられたるものの大小においてこそ差別はあれ、試練の一生においては——涙と笑いを通じて歩むべき光と影との交錯せる一生においては、——総ての個人が皆同一の運命を担っているのである。若し与えられたるものの大小強弱を標準として人間を評価すれば、ある者は永遠に祝福された者で、ある者は永遠に呪《のろ》われた者である。之に反して、与えられたものを実現する労苦と誠実とを標準として人間を評価すれば、すべての人の価値は主として意思のまことによって上下するものである。そうして天分の大なる者と小なる者と、強い者と弱い者とは、すべて試練の一生における同胞となるのである。

「天才」の自覚から出発すべきか、「人間」の自覚から出発すべきか。この二つが必ずしも矛盾するものでないことはいうまでもない。併し出発点を両者の孰《いず》れにとるかは人生の態度の非常な相違となる。「人間」の自覚を根柢《こんてい》とせざる「天才」の意識は人を無意味なる驕慢《きょうまん》と虚飾と絶望とに駆り易い。ある者は、自己の優越を意識することによって自分より弱小な者を侮蔑する権利を要求する。ある者は天才を衒《てら》う身振によって自己の弱小なる本質を強いる。ある者は天才の自覚に到達し得ざるがために、自己の存在の理由に絶望する。この種の驕慢と虚飾と絶望とは、彼等が能力の大小強弱の一面から人生を観ているかぎり到底脱却し得ない処である。彼等の過ちは「人間」に与えられたる普遍の道を発見するに先だって、特殊の個人に与えられたる特殊の道を唯一の道だと誤信する処にある。

問一 「総ての個人が皆同一の運命を担っているのである。」とは、いかなる意味においてであるか。

問二 筆者は人間を評価する場合、いかなる標準によらねばならぬといっているのか。

問三 『「天才」の自覚から出発すべきか、「人間」の自覚から出発すべきか。この二つが必ずしも矛盾するものでないことはいうまでもない。』と述べているが、いかなる場合に矛盾するものではないのか。

問四　「普遍の道」「特殊の道」とはそれぞれ何をさすか。　（和歌山大学）

先の簡単な解説において、人格主義における人格というのは、自己自身を目的とする自律的な自由の主体だと記しました。人間はだれでも、そういうかけがえのない価値を持つ点において、平等であるべきです。身分とか地位とかによって人間の価値を計ろうとすることは、この立場からは許されません。そこまでは恐らく誰にも疑問の余地はないでありましょう。しかし、それなら、人間の才能や天分に関して人間を評価することはどうでしょうか。この点になると、いろいろ意見が分れてきそうな気がします。そこをとりあげたのがこの問題です。

「何を与えるかは神様の問題である。与えられたるものを如何に発見し、如何に実現すべきかは人間の問題である。」問題文のはじめにおいて、筆者はまず、「神様の問題」と「人間の問題」とを区別いたします。そして「神様の問題」は人間の口ばしを入れるべきものではなく、人間はひたすら「人間の問題」に力をつくすべきことを暗示します。「与えられたるものの相違は人間の力ではどうすることも出来ない運命である。ただ稟性を異にする総ての個人を通じて変ることなきは、与えられたるものを人生の終局に運び行くべき試練と苦労と実現との一生である。」ここに一文の主題は明らかに物語られていると見てまちがいはありません。この点を読者にはっきり理解させるために、以下の全体が記されていると見ていいわけです。そこで特に注目されることは、まず、「若し与えられたるものの大小強弱を標準として人間を評価すれば」、どういうことになるか。逆に、「与えられたものを実現する労苦と誠実とを標準として人間を評価すれば」どうなるかという点です。筆者は、前者の立場から生ずるものは、「永遠に祝福された者」と「永遠に呪われた者」とであると言います。この点はどうぞしっかり頭に入れておいて下さい。すぐれた才能を恵まれたものは、才能貧しく生まれついた者に対して、いつでも当然優勝者であっていいのでしょうか。もしそうだとしたら、神様は随分不公平だと言わなくてはなりません。しかし、少し考えを進めれば、すぐれた才能といっても、貧しい才能といっても、それはもともと比較の問題です。だから、貧しい才能に対して優越したすぐれた才能も、さらにすぐれた才能に対する場合には、より貧しい才能とならざるを得ません。そして、そのさらにすぐれた才能も、それよりさらにさらにすぐれた才能に比較する時は、やはり貧しい才能ということになるわけです。そうすると、結局は、何億という人間の中で、一番すぐれた才能を持った一人に対比すると、他の全部は、より貧しい才能ということになりましょう。「永遠に祝福された」たった一人と「永遠に呪われた」その他の全人類と——そういう結果を生むような人間観は、どう考えても正しいものとは言えないではありませんか。それに反して、後者の立場から生まれるものは、「天分の大なる者と小なる者と、強い者と弱い者と」が、優越も卑下もなく手をとりあって、「すべて試練の一生における同胞となる」という事です。この場合の評価の規準は、「主として意思のまこと」です。そこにもまたある人間を上と見、ある人間を下と見る一つの差別が見られることは無論のことです。評価に差別のつきまとうことはさけられません。しかし、この場合の評価の基準は、くりかえしますが、人間の

「意思のまこと」です。「誠実」です。そして人間は、誰でも誠実であろうとすれば誠実であり得るのです。そこが前者とちがうのです。「与えられたるものの相違」「天分の相違」は、人間の力ではどうすることもできないものなのですから、そういうもので人間の価値をきめるということは、一方に少数の優越者を、他方に大多数の劣敗者を生むという不幸な事態を引きおこすのですが、今度は、天分の大小強弱とは無関係に、そうであろうとすれば誰でもそうなれる「誠実」さが標準なのです。そこでは誰でもが、平等に、公平に、善をきそい、努力をくらべることができるのです。以上の解説は、さらに問題文の後半において、少しく視点をかえてくりかえされます。今度は、「天才」の自覚と「人間の自覚」という、二つの人生態度の対比です。前者が前段における「与えられたるものの大小強弱」を標準とする人間評価につらなり、後者が、「与えられたものを実現する労苦と誠実と」を標準とする人間評価につらなるものであることは、もう言うまでもないでありましょう。

問一、**問二**に関しては改めて言う必要を認めません。**問三**、そこに切り取られている部分の直後に、『「人間」の自覚を根柢とせざる「天才」の意識は人を無意味なる驕慢と虚飾と絶望とに駆り易い』とある点に注目すれば、答えは自然に浮んでくるはずです。『「人間」の自覚を根柢とせざる』のあべこべであればいいわけです。**問四**、の「普遍の道」が、この文において筆者の主張する「与えられたるものを人生の終局に運び行くべき試練と苦労と実現との一生」という「総ての個人を通じて変ることなき」道を意味することは、自明といってよく、それがわかれば、その逆の「特殊の道」の意味もまた、疑問の余地なく把握できると思います。

【二】次の文章を読んで、後の問に答えよ。

ある人がなし得るところを、ある人はなし得ない。ある人が到達し得るところに、ある人は到達し得ない。故に、ある事をなし得るか得ないか、ある点に到達し得るか得ないかを、主要問題とする時、各個人の天分は、その性質について問題となるのみならず、又その大小強弱について問題となる。この方面から見れば、各個人の価値は、ほとんど宿命として決定されている事は、否むことができない。しかし、観察の視点を、外面的比較的の立脚地より、内面的絶対的の立脚地に移し、成果たる事業の重視より、追求の努力の誠実の上に移し、天分の問題より、意志の問題に移すとき、吾人の眼前には、忽然として新たなる視野が展開する。従来いかんともすべからざる対照として厳存せしものは容易と融和する。そうして、一切の精神的存在は同胞となって相くつろぐ。この世界にあっては、各の個人が、その与えられたる天分に従って、それぞれ、かれ自身の価値を創造するのである。そうして、この創造によって、人間としての意義を全くするのである。内面的絶対的見地よりすれば、三尺の竿を上下する蝸牛は、千里を走る虎と同様に尊敬に値する。そうして、虎は蝸牛を軽蔑することのかわりに、千里の道を行かずして休まんとする自己を恥ずる。蝸牛はその無力に絶望することのかわりに、三尺の竿を上下する運動の中に、その生存の意義を発見する。

問一　次の語句や文について、内面的絶対的の立脚地に立って見たものに○印をつけ、外面的比較的の立脚地に立って見たものに×印をつけよ。

(イ)　ある人がなし得るところを、ある人はなし得ない　(ロ)　各個人がその天分に従って、それぞれに自身の価値を創造する　(ハ)　意志の問題　(ニ)　天分の性質・大小・強弱の問題　(ホ)　各個人の価値は成果たる事業の大小によって定まる　(ヘ)　物事を追求するところの努力の誠実の問題

問二　「従来いかんともすべからざる対照として厳存せしもの」とは、左の中のどれに当るか、○印で示せ。

(イ)　努力の誠実の強弱の対照　(ロ)　天分の性質・大小・強弱の対照

(ハ)　天分の有無と誠実努力との対照

（東京教育大学）

これは、【二〇】と殆ど同じ主題をもつ問題です。前の問題をよくかみしめた上で、力だめしとして、独力で解決してみたまえ。ただ一つここで附言しておきたいことは、こういう文章が、くりかえし出題されているということの妥当さについてです。これから大学に入学しようとする青年諸君は、いわば第二の人生の入口に立っているわけです。そういう諸君が、人生についてどう考えるかということは、諸君の生涯を決定する力を持つことになります。スイスの聖者カール・ヒルティは、とくに青年に向かって、人生を享楽するためにあると考えてはならない、それは正しきことを行うためにあるのだという意味のことを教えています。また、先ほ

どちょっとふれたカントも、幸福を直接目指す行為は道徳的ではあり得ない、道徳的行為が幸福に価するのであると説いています。諸君ははたして、享楽的人生観と道徳的人生観とのいずれをえらぶだろうか。

【二】 次の文章を読んで、後の問に答えよ。

国民的存在はその個性において尊厳と価値とをになう。このことは一つの世界を形成すべき諸国民の連関において寸時も忘れられてはならないことである。他の国民の存在を害《そこな》うこと、それをおのれの存在に隷従せしめ、あるいはしいておのれに同化しようとすることは、人間存在の尊厳を瀆《けが》すことにほかならないが、しかしそれと同様に、おのれの国民的存在の個性を軽視し、みずからそれを害うて憚《はばか》らないのは、おのれのになう尊厳をみずから蹂躙《じゅうりん》することである。したがって、いかなる国民も、他の国民を支配してはならないとともに、他の国民に支配されてはならない。支配してよいのはただおのれ自身のみである。

わが国民は歴史的風土的にきわめて顕著な個性を持っている。それは世界においてただ一つのものである。もっとも、唯一的であることは、あらゆる他の国民の個性においても同様であって、わが国民の個性に限ったことではない。したがってその唯一性を価値性であるかのごとくに誤認し、他愛のない国自慢に陥るのは、限界の狭小を示すだけのことである。しかしその国自慢が見っともないからと言って、個性の唯一性そのものから眼をそむけようとするのは、現実に直面する所以《ゆえん》ではない。好むと好まざるとにかかわらず、われわれの存在は国民的個性をになっている。われわれの同胞のうちのある人たちが、「自分はフランスに生るべきであった」とか、「自分はイギリス人として生れたかった」とか、というごとき嘆声を、心の底からもらしているとしても、そういう嘆声そのものがすでに顕著に日本的である。生粋《きっすい》のフランス人やイギリス人は決してそういう嘆声を発しはしないのである。われわれはおのれの個性を超克する努力においてすでにその個性に制約せられている。そういう個性を発揮し、それによって独自の文化的創造を「多様の統一」のなかに寄与することこそ、わが国民の世界史的任務でなくてはならない。

問一 本文に題をつけるとしたら何がよいか。最も適当と思うものを選んで○をつけよ。
(イ) 国民的個性の尊厳と価値　(ロ) 日本の文化的使命　(ハ) 国民的個性の唯一性と価値性　(ニ) 国民的個性と創造的文化　(ホ) 国民文化と世界文化

問二 「唯一性を価値性であるかのごとくに誤認」するとはどういうことか。わかりやすく説明せよ。

問三 日本的個性として一つの例があげられているが、それはどういうことか。最も適当と思うものに○をつけよ。

(イ) 依頼心の強いこと (ロ) 寛容なこと (ハ) 意気地のないこと
(ニ) 自我の精神のかけていること (ホ) 模倣しやすいこと

問四「個性を超克する努力においてすでにその個性に制約せられている」とはどういうことか。わかりやすく説明せよ。

問五「多様の統一」とは具体的には何をさしているか。

問六 表現のしかたは違っているが、左の語句とほぼ同じことを意味していると思う語句を、本文中からぬき出せ。

(1) 国際社会 (2) 天は人の上に人をつくらず

（新潟大学）

個人における自律的人格を、国民に移し、「国民的存在における個性」の尊厳と価値について語った文章がこれです。二つの段落から成っていますが、その前段の終りのところの「いかなる国民も、他の国民を支配してはならないとともに、他の国民に支配されてはならない。支配してよいのはただおのれ自身のみである。」というところに、個性的存在としての国民のあるべき姿がはっきり述べられております。「自律的」とか、「自己自身を目的とする」とかいうことばで、先に述べた人格主義の立場は、ここにわかりやすく表現されております。後段は前段の立場に立って、日本国民の個性と、個性を持った日本国民の世界史的任務とが説かれています。ここで一つ注意しなくてはならないことは、後段中「もっとも、唯一的であることは……現実に直面する所以ではない。」までの部分は、論理の本筋からやや離れた、挿入句的性格を持つ部分であることです。論理の本筋は、「それは世界においてただ一つのものである」から、「好むと好まざるとにかかわらず、われわれの存在は国民的個性をになっている」に直結してゆきます。以上のように本文を理解することができれば、この問題文を次のように要約することにはそんなに困難はないでしょう。前段——国民的個性の尊厳と価値。後段——日本国民の世界史的任務。ここから**問一**の解決はもう自然に得られるはずです。右の前・後段の要旨を併せ持つものが、本文の題名としてふさわしいものとなるわけです。そうすると、まず(イ)・(ロ)はともに除去されます。(イ)は前段にしか妥当せず、(ロ)は後段にしか妥当しないからです。また(ハ)は、本旨からやや遊離した挿入部にだけ適応する点で明らかに失格です。残るところは、(ニ)と(ホ)ですが、(ホ)のあまりに一般的な言い方に比して、(ニ)の方がはっきりすぐれています。

問二は、「わかりやすく説明せよ」という注文ですから、われわれの身辺にころがっている、誰でも知っているような事実で、しかも筆者の論旨によく適合したものをえらぶ必要があります。唯一性とは、言うまでもなく、自他を区別する性格です。わかりやすく言えば、変わっていることです。変わっていることがそのまますぐれていることだとしたら、例えば片目の人などは、普通の人よりもはるかにすぐれた人間ということになるわけです。その誤りであることはもう言うまでもないでしょう。

問三については、「一つの例があげられている」というのが、「自分はフランスに生るべきであった」「自分はイギリス人として生れたかった」という日本人の嘆声を指すことをまずつかまなくてはなりません。日本人でありながらフランス人やイギリス人でありたかったと嘆くということは、何よりも国民的個性の尊厳に関する無自覚に由来すると説明しているのが前段なのです。(イ)・(ロ)は見当ちがいであり、(ハ)・(ホ)はあいまいです。

問四は、「生粋のフランス人やイギリス人は決してそういう嘆声を発しはしない」というところに着目すれば解決できます。

問五は、前段の「一つの世界を形成すべき諸国民の連関」ということばのうちに、答がふくまれています。

問六については、「表現のしかたは違っているが」「ほぼ同じことを意味している」という出題者のことばに注意すれば、誤解する余地はなさそうです。

2　内面的運動感覚

「たった一つのこと」のための前提の第二を、私は内面的運動感覚という、長い名で呼びたいと思います。それは「論理の感覚」と呼んでもいいのです。そしてその方がずっとわかりいいとも思うのですが、ここではあえて、内面的運動感覚と呼びます。何故そうよぶかは、次第に明らかにしてゆくこととしましょう。

われわれがある文章を読んで、それが十分理解できたという状態を考えてみますと、それは享受と批判とが二つながら自分の心の中で完結したということにほかなりません。享受というのは、表現を通じて筆者の願いを素直に受取り、それを完全に理解するまでの心の働きを指します。批判というのは、一旦享受したものを、自分の思想や感情の中にどのように収めるかということです。激しい感動をもって、享受したものの全部を、そのまま自分の内部に収める場合、享受したものの一部を採り、一部を捨てる場合、全然自分の内部に取り入れない場合等、いろいろの場合があり得ます。それをたとえば一編の小説を読んだ場合について言えば、「これは傑作だ」という批判を下す時もあれば、「いいところもあるがつまらないところもある」と批判する時もあり、さらに「実に愚作だ」と断定する時もあるというぐあいです。ですから、批判は享受を前提とします。正しい享受を欠いた批判はしばしば見当ちがいであり、的はずれであるという危険がともないます。しかし、正しい享受だけでいいかというと、それでも困ります。古人は、ことごとく書を信じるならば、むしろ読まない方がよいという教訓を残していますが、まことにその通りです。何でもかんでも読んだものを全部自分の心に収めようとしたりすれば、われわれの精神は混乱するばかりです。どうしてもそこに批判の必要があることになります。だから、正しく享受し、正しく批判してはじめて、本当に読んだと言うことができるわけです。私が、「前提」という章をもうけて、いろいろ述べているのは、主として正しい享受に関連することは、もう今までのところでもおわかりと考えます。前提の第一は、読者の問題意識あるいは知識でした。そして前提の第二が、これから述べようとする内面的運動感覚なのです。先にも記しましたが、私の言う内面的運動感覚は、その実体はほぼ論理の感覚と同じことです。理解しやすいように、まず論理の感覚について記すことから始めましょう。

静かな黙読を続けてゆくに従って、われわれの目の前に立ち現われては消え去ってゆくことばの流れから、自然に、明瞭に、ある思想や感情がわれわれの心に伝わってくるという状態が、読書の一番望ましい状態です。そういう状態においては、われわれの心あるいは頭は、生き生きと動き、鋭敏に働きます。だから、そこに一寸でも不合理、不調和、不均衡があっても、直ちにそれを感じとり、知りわけます。そういう人間精神の働きを、私は論理の感覚と名づけるのです。特に感覚ということばを当てるのは、それによって、既に幾度も幾度もくりかえされた経験によって、ほとんど自動的に近く働く判断を意味させたいからです。われわれの生活の瞬間瞬間に、本当に役立つものは、そういう感覚だけだからです。まずこのことをしっかりつかむために次のような問題をあつかってみましょう。

【一三】次の文章を読んで、後の問に答えよ。

音楽的行為あるいは音楽的活動と言われるものは、［A］・［B］・［C］の三つから成り立っている。この三者のどれが欠けても、音楽的活動は完全ということはできない。前二者がそれぞれ特有な創造性を持っていることは、改めて説明するまでもないであろう。［a］は第一義的創造活動であり、［b］は再現的創造活動である。この二つに対し、鑑賞はどういうふうに考えられるのであろうか。鑑賞活動は、音楽を楽しむこと、音楽を理解すること、音楽を評価することの三つを含んでいる。ある音楽を理解することは、作曲者がその曲で描いた構想を把《とら》えることに他ならない。この場合、鑑賞者と作曲者との構想の一致あるいは不一致は、これを知ることができない。どちらかと言えば、鑑賞者は自分自らの構想を作りだしていると考えるべきである。ここに鑑賞における創造性の問題が生じてくる。音楽について多くを理解するようになれば、そこに自然に音楽を評価する活動が起ってくる。この時その人は音楽に対する自己独自の考えを持つのである。その人はこの点において創造的な活動を行っているのである。このように鑑賞活動というものは、普通に考えられるように受動的、消極的な活動ではない。それは第一義的な創造活動とは言えないけれども、別な意味における創造性を持っている。このことを理解し、そういう方向に鑑賞活動の発展を計り、鑑賞力の成長を企てることは、音楽の発展にとって極めて大切である。何故ならば芸術家の[i]に対して、社会は[ii]を以て相対応し、両者の交流によって一国の[iii]が高められていくのであるから。

問一 この文章中の空欄（A・B・C・a・b）のそれぞれに、次の語のうち最も適当と思うものをあてなさい。（イ・ロ・ハ……の記号で記入のこと）

(イ) 鑑賞　(ロ) 練習　(ハ) 演奏　(ニ) 指揮　(ホ) 作曲

問二 同じく空欄（i・ii・iii）のそれぞれに次のうち最も適当と思う語をあてなさい。（イ・ロ・ハ……の記号で記入のこと）

(イ) 芸術水準　(ロ) 芸術規範　(ハ) 芸術鑑賞　(ニ) 芸術生産　(ホ) 芸術信念

問三 左の三つのうち、この文章の題名として最も適当と思うものに○をつけなさい。

(イ) 音楽鑑賞の三段階　(ロ) 音楽鑑賞の創造性　(ハ) 音楽的行為の三要素

問四 この文章には、その中心部分において、論述上の不備が認められると思う。これを指摘しなさい。

（日本女子大学）

諸君の論理の感覚が、どの程度であるかをテストするのには、好都合な問題です。**問一**、**問二**、**問三**は、静かに一回読んで、正しく答えられる程度の感覚は、私はこれを諸君のすべてに要求したいと思います。

ここで特に取り上げたいのは**問四**です。**問四**をまつまでもなく、この文の不均斉に気づく位の感覚がほしいものですが、そこまではともかく、「中心部分において、論述上の不備が認められる」と切り出されたら、「ああそうか」とうなずくことくらいは出来なくてはこまります。どうですか。めいめいで自分をためして下さい。「鑑賞活動は、音楽を楽しむこと、音楽を理解すること、音楽を評価することの三つを含んでいる。ある音楽を理解することは……」ここです。何かおかしいでしょう。

【一四】次の文章には意味の通らない所が四箇所ある。意味が通るように、一箇所三字以内で改め、その箇所の右側に書け。

真の進歩は、啓蒙《けいもう》期の人間が考えたように、伝統を無視し、現実からかけはなれた人間の合理的思惟《しい》からは生じない。我々は伝統や現実に盲目的に追従するものではなく、自由意志にもとづく一定の価値判断から、それらのものに対して取捨選択を行わない。人間は一方、その中に生活するところの伝統や現実からして条件づけられるが、しかし他方これらのものを規定するのである。人間は客体であると同時に主体である。伝統主義は単に「保守」「反動」として片づけてしまうべくあまりに深い意味をもっていない。何千年来の人類の叡智《えいち》の宝庫を利用して、一個人がすべて独力で思索し行動して得々としている位愚かなことはないのである。チェスタートンは、伝統主義は現在生きている人間意思のみならず、過去に属する数限りない人々の意思をも尊重するものだから、一層デモクラチックだという意味のことを述べている。民主主義の名において過去の現在に対してもつ意義を否定することは、真にデモクラチックでもあるのである。古典を尊重することの意義はここにも存する。それは幾百年間に生まれかつ死んだ数限りない人々の批判にたえて我々の手に伝えられたところの、人類の文化的遺産に外ならない。祖先の大きな遺産を継承した我々は、その遺産を堪えがたい重荷と感ずる。しかしながら我々はその重荷を背負って勇ましく前進しなければならない。それを守って後世に伝えることは我々の義務であるとともに、それから必要な栄養を摂取し、新しいものを創造して、この遺産に何ほどかを附加することは、我々の光栄でなければならない。（東京大学）

この文章において、筆者はまず、進歩と伝統との関係を考えています。性急な伝統の否定と抽象的な合理主義は真の進歩を産むものではないという最初のセンテンスにおいて、筆者の立場はすでに明らかに物語られています。筆者は伝統の意義を説こうとしているのです。ついで筆者は、そういう自分の立場を支えるものとしての、自己の人間観を語っています。人間は、「伝統や現実からして条件づけられるが、しかし他方これらのものを規定するのである」というところに、それがはっきり示されています。そういう人間は、当然、「伝統や現実に盲目的に追従するものではなく」、自己の「自由意志にもとづく一定の価値判断から、それらのものに対して取捨選択を行わない」――どうも変です。「盲目的に追従するものではなく」と「取捨選択を行わない」とは、矛盾いたします。

このように伝統の尊重もまた、人間の自由意志にもとづく価値判断の結果であるということになれば、伝統主義を「単に『保守』『反動』として片づけてしまう」ことのできないことは理の当然と言わなくてはなりません。「片づけてしまうべくあまりに深い意味をもっていない」という表現は、われわれの論理の感覚に一つの不協和音をひびかせるではありませんか。同様な箇所が、たしかにあと二つあります。これも、諸君の論理の感覚を見るのには、好都合の問題だと思います。どうぞ、厳格に、自分をテストしてみて下さい。

以上で、私のいう論理の感覚というものがどういうものであるかは、ほぼ理解していただけたことと思います。それなら、そういう論理の感覚をなぜ、ことさらに、内面的運動感覚などと面倒なことばに言いかえるのか。このことにお答えすることは、やがて、この小著の眼目たる「たった一つのこと」に直接ふれることになるのです。

【一五】次の文章を読んで、後の問に答えよ。

読解の働きは、便宜上これを分析的に考える時、その第一段階においては、もっぱら我れを抹殺して他を読むのでなければならない。しかしこれは単に読解の皮相面にすぎないのであって、我れが書を読むというよりは、むしろ我れが書に読まれるのである。この段階において把握せられる意味は、吾人のいわゆる語のロゴス（合理性・普遍性）的契機を出ないものであって、未だ単に抽象的な普遍性の域を脱することができない。われわれはこの表層を超えて、さらに我れを読む深層に徹して行かねばならないのである。しかしながらこの自我への転換が、いまだ中道にとどまる限り、それはもとより読解の究極ではなくて、かえって人々をして個人的恣意の世界に孤立せしめることとなるであろう。一人よがりの解釈、得手勝手な解釈がすなわちこれである。われわれはさらに我れを読むの底に徹し、我れの体験の中に他の体験を行じ、他の体験の中に我れの体験を発見しつつ、もはや我れもなく他もない自他合一の境地にまで透徹しなければならない。これが読解の第三段階である。

問一 次に示す読解の態度、またはそれにともなう現象は、前述の三段階のうち、それぞれどの段階に属するのであろうか。その段階を数字（1・2・3）でそれぞれの符号の上に書きなさい。

a おのれを忘れて他を読む。
b 他を忘れて我れを読む。
c 虚心坦懐に客観的な意味を受容する。
d 客観的な文献の背後にひそむ体験と同一の体験を探索する。
e 言語のもつ普遍的な意味や、文法の法則を承認し、これにしたがって与えられた文章を読解する。
f 自己の主観の城郭にとじこもって読解に努める。
g 人はこの段階において、抽象的普遍性の把握にとどまる。
h 人はこの段階において、具体的な客観性と普遍性を把握する。
i この段階にとどまることは、本来社会を成立せしむべき言葉が、かえって人々をして社会から分離させる。

j　人々はこの段階において、いちおう個々に分離する。

k　人々はこの段階において、すでに自他共通の事実、または道理のもとに結合される。

（早稲田大学）

一読してわかるように、筆者は読者の態度を三つの段階に分析して論じています。第一段階については、はじめから、「脱することができない」まで、第二については「すなわちこれである」まで、以下が第三についての記述です。この三つの部分を順次にたどってゆくと、これら三つの段階は単に並存するのではなく、第一から第三にいたる一つの発展であることが理解されます。すなわち「他を読む」――「我れを読む」――「自他合一」という風に読解の深まりが説かれているわけです。

第一の段階に関して筆者は「もっぱら我れを抹殺して他を読む」「読解の皮相面」「我れが書に読まれる」「把握せられる意味は、……語のロゴス的契機を出ない」「抽象的な普遍性の域を脱することができない」「表層」等々のことばを用いて、これを説明しています。これらのうち「語のロゴス的契機を出ない」ということばは、少々理解しにくいかも知れません。しかし実は、何でもないことを言っているのです。ある本を読むと、その本には、万人が等しく見る通りの文字がならんでいるわけです。そしてそれらの文字は、一応万人に共通する意味を、万人に共通したことばの法則によって述べているはずです。「私は笑った」ということばは、「私は笑った」というだけの意味において、「風が激しく吹いた」は、やはりそれだけの意味において、誰にも共通の意味を伝えます。そういう風に理解するということを、「把握せられる意味は……語のロゴス的契機を出ない」と言ったのです。

第二の段階に関しては、「我れを読む深層」「自我への転換」「個人的恣意の世界に孤立せしめる」「一人よがりの解釈」「得手勝手な解釈」等々のことばが記されています。第一段階の客観的理解から、百八十度転換して第二段階は、主観的理解——時とすると恣意的理解の段階です。

第三の段階に関しては、「我れの体験の中に他の体験を行じ、他の体験の中に我れの体験を発見し」「我れもなく他もない自他合一の境地」等のことばが記されます。そしてこれが、読解における最高最深の態度であることを筆者はうったえているのです。

これら三段階が、発展的に連関するものであることは、第一から第二への転換を「われわれはこの表層を超えて、さらに我れを読む深層に徹して行かねばならない」と言い、第二から第三へのうつりゆきについては「われわれはさらに我れを読むの底に徹し」と言っているところに、明らかに物語られております。このような発展的な文章を、生き生きと理解するための心の働き、精神の活動は、もはや、静止した世界を眺めるのではなく、同一平面に併存するものを比較するのでもなく、それ自身一つの発展でなくてはなりません。われわれの精神は、単に論理の感覚というよりは、むしろ一種の運動感覚において鋭敏でなくてはなりません。肉体の運動の感覚をつかさどる三半規管に相当する、言わば内面的三半規管が、正しくその機能を発揮することが一番大切なこととなります。私が、論理の感覚と言わずに、内面的運動感覚と言ったことの意味はそこにあるのです。発展的な表現を発展として把握する働き、流動する表現を流動として把握する働き、それを私は、内面的運動感覚と言うのです。発展的な表現は、いつでも、読者であるわれわれを、一定の地点から他の地点へ導いてゆこうとします。それを正確に感得することさえできれば、少くとも享受の面においては欠けるところはないはずです。ここでは、問題は、知識よりはむしろ感覚です。それは一種の方向感であり距離感です。つまり運動感覚なのです。

しかも、あらゆる表現は、それぞれの程度において発展的性格を持つものであるという事情がこれに加わります。先に述べた「公的表現の性格」あるいは「筆者の願い」のところで、すでに私はそのことを暗示しておいたはずです。そうだとすれば、一般に文章表現理解の重要な前提の一つは、この内面的運動感覚であると言っても、さしつかえないではありませんか。

その内面的運動感覚によって、ａからｋまでの選択肢を処理してごらんなさい。うまく処理できましたか。もしうまくゆかなかったとしても、別に失望するには当たりません。われわれはこれから出発するのですから。

第三章　方法

――「たった一つのこと」――

1　たった一つのこと

「読者へのことば」の冒頭に、私は次のように記しました。

「この本は、結局『たった一つのこと』を語ろうとするものです。」

そして、今、その「たった一つのこと」を述べる時を迎えたわけです。第一章の「予備」も、第二章の「前提」も、いずれもこの「たった一つのこと」のための「予備」であり「前提」であったのです。そして、「たった一つのこと」とは、私が現在考えている、入試現代文読解の最良の「方法」なのです。それについてなるべく具体的に記すことにしたいと思います。

われわれはすでに第一章、第二章、ならびに今まで考えてきたいくつかの問題文で、ずいぶんいろいろなことにふれてきました。公的表現の基本的性格、現代文の根底としての近代思想の三本の柱、読者の問題意識、内面的運動感覚等々について、一通りの理解は持ち得たわけです。さらには、生きるということについても、享受と批判についても考えてきました。それらは、どうぞ今後に活用していただきたいものです。ここでは、特に問題【一五】の読書の三段階に関する記述をもう一度思いおこして下さい。そこでは、「他を読む」――「我れを読む」――「自他合一の境地」という読書における三段階の展開が物語られていました。と同時に、筆者は、そういう区分が読解の働きを「便宜上」分析的に考えたものであると最初にことわってもいました。これだけのことを思いおこした上で、読書に関するもう一つの意見をきくことにしましょう。

【一六】 次の文の傍線の部分はどんなことをいっているか、簡明に説明せよ。

ある作家の全集を、日記や書簡の類にいたるまで、すみからすみまで読んでみるというのは非常にいいことだ。読書の楽しみの源泉にはいつも「文は人なり。」ということばがあるのだが、このことばの深い意味を了解するには、全集を読むのがいちばん手っ取り早いしかも確実な方法なのである。そうすると、一流といわれる人物は、どんなにいろいろなことを試み、いろいろなことを考えていたかがわかる。かれらの代表作などと呼ばれているものが、かれの考えていた(1)どんなにたくさんの思想を犠牲にした結果生まれたものであるかがなっとくできる。この人にこんな思想があったかという驚きで、(2)単純に考えていた作家の姿などは、めちゃめちゃになってしまうであろう。その作家の性格とか、個性とかいうものは、もはや表面のところに判然と見えるというようなものではなく、いよいよ奥の方の深い小暗いところに、手探りでさがさねばならないように思われてくるだろう。そして手探りをしているうちに、作者にめぐり合うのであって、だれかの紹介などによって相手を知るのではない。こうして、小暗いところで、(3)顔は定かにわからぬが、手はしっかりと握ったというぐあいなわかりかたをしてしまうと、(4)その作家の傑作とか失敗作とかいうような区別も、別段大した意味を持たなくなる、というより、ほんの片言隻句にも、その作家の人間全部が感じられるというようになる。これが、「文は人なり。」ということばの真意だ。それは、文は目の前にあり、人は奥の方にいる、という意味だ。「文は人なり。」ぐらいのことはだれにでもわかっているというが、実は犬は文を作らぬ、ということがわかっているに過ぎない人が多い。書物が書物に見えず、それを書いた人間に見えてくるのには相当な時間と努力とを必要とする。(5)人間から出て来て文学となったものを、ふたたび元の人間に返すこと、読書の技術というのも、そこ以外にはない。（成城大学）

この筆者の主張は大体次の四点に要約できます。第一に、「読書の楽しみの源泉にはいつも『文は人なり。』ということばがある」ということ。第二に、「文は人なり。」という「このことばの深い意味を了解するには、全集を読むのがいちばん手っ取り早いしかも確実な方法なのである。」ということ。第三に、その方法によって明らかにされる「文は人なり。」の意味は、「文は目の前にあり、人は奥の方にいる、という意味だ。」ということ。第四に、ここから言いうることは、「人間から出て来て文学となったものを、ふたたび元の人間に返すこと、読書の技術というのも、そこ以外にはない。」ということ。

問題【一五】を、読解の働きに関する分析的な論述とすれば、これは作品の理解に関する根本的な主張です。そして、そういう立場の相違にもかかわらずこの二つの主張は、必ずしも矛盾はしません。前者の結論は、「自他合一の境地における読書」ということでした。後者の主張の焦点にくるものは「ある作家の全集を、日記や書簡の類にいたるまで、すみからすみまで読んでみる」ということでした。人は何人といえども、単に「語のロゴス的」意味を求めるという皮相な態度で、一つの全集を読み通す根気を持つものではありません。たとえ、表面的な読み方で出発したとしても、次々に作品に接し、日記に接し、書簡に接するうちには、おのずから、「我れを読む」ことから、「我れの体験の中に他の体験を行じ、他の体験の中に我れの体験を発見し」てゆくようになるにちがいありません。そう考えると、全集を読むという行為のうちに、おのずから、自他合一の境地が生まれるということになるわけです。読書の最も正統的な態度が、ここに見られていいことになると思います。このことは一応頭に入れておいて下さい。設問については、今はふれる余地がありませんから、諸君は独力でこれを解いてみてください。

それなら、私もまた、読解の態度において自他合一を主張し、読書の対象として、全集をすすめるか。私はけっしてそういう理想的な方法態度を諸君に強いるものではありません。私は「たった一つのこと」だけを言いたいのです。入試現代文の読解というわれわれの目前に横たわる目的が、私をそうさせるのです。

私の「たった一つのこと」とは、入試現代文という断片的な表現に関する方法なのです。そしてそれは、一言にして言えば「追跡」ということです。どこどこまでも筆者を追跡するという方法です。われわれの前に一個の文章が置かれ、その最初の文字が目に映った瞬間から、活潑な問題意識と、生き生きした内面的運動感覚によって、筆者のことばを追跡することです。筆者は一体どんな問題を、どのように説くのであろうか。私は一体、「どこからどこへ」連れてゆかれるのであろうか。出発した以上、もうわれわれは恐れたり、引返したりは出来ません。どこへでも、どこまでも、筆者とともに行くほかありません。その文の最後の一行の終るところまで。そしてその文の終ったところで、無論われわれも立ち止まります。そして静かに、自分の位置を、自分の前後左右を、自分に近い過去と未来を見渡すのです。

「散文の読者は、足場の悪いところを散歩するように一歩ごとに自分の均衡を確かめねばならぬ。」

これはフランスの哲学者アランのことばですが、この教訓はけっして、単に散文の場合に限るものではありません。追跡は一歩一歩、出来れば筆者の足跡の一つ一つを踏みつつ、なされなければなりません。追跡に飛躍は禁物です。多分この道を来るだろうと予想して先まわりして待ったりすることは非常に危険です。筆者はしばしば中途で進路をかえるものです。

こういう私の方法「追跡」を、問題【一五】と問題【一六】の読書論と比較して、それがあまり単純であり、素朴であることに諸君は失望するでしょうか。失望する前に一言私に言わせて下さい。

入試現代文の読解というわれわれの当面の課題は、一般の読書について論ずるという立場とは本質的に事情を異にしています。一般の読書の場合は、何を読むかは読者がそれをえらぶのです。入試の場合はもちろんそうではありません。一般の読書の場合は、時と所に制約のないのが普通です。入試の場合にはそういう自由もありません。これだけの相違を考えてみても、一般の読書の方法が、入試に備える方法として、そのまま通用するということが困難であることは明らかだと思います。読書とか読解とかいうことの本質においては、異るところはないにしても、少くとも方法上の工夫においては、特殊なものが必要となってくるはずです。そうは言っても、私は、一般の読書の場合と、入試準備の場合との方法上の差別を特に強調しようとするのではありません。特殊な工夫などしないですめば一番いいのですが、好んでする読書と、強いられて読まされ、答えさせられる入試の場合の読み方とは、おのずから異らざるを得ないというのです。そこで、私は「たった一つのこと」――「追跡」を主張するのです。それが入試に関しては、必要にして、不可欠な態度だと言いたいのです。われわれは、今は、理想論に気をとられるひまはないのです。

【一五】の主張に比較すると、私の言う「追跡」は、筆者によって皮相であるときめつけられている「我れを忘れて他を読む」第一段階に一番近いものです。むしろ、【一六】の筆者のいう「顔は定かにわからぬが、手はしっかりと握ったというぐあいなわかりかた」には幾分通うものがあるかも知れません。しかしそれとても、一方は全集の通読の結果であり、他方は、筆者の表現のほんの一断片をいきなり読ませられることからくるのだとしたら、やはりずいぶんちがったものと言わなくてはなりません。顔も定かにわからず、手ももとより握れないというのが、入試の場合なのです。せめては、おぼろげなりとも筆者の顔つきを想像できれば、望外の喜びという次第なのです。そしてそのせめてもの願いを果たすためには、私には追跡という方法しかないように思われるのです。また、先に私は、十分にわかったということは、享受と批判とがともに心の中で完結した場合だと記しました。これとても、入試という場合にはぜいたくすぎるのぞみです。そこは、批判の余地の残されていない場所なのですから。私の「たった一つのこと」が、素朴であり、単純であるほかはない理由は以上の通りです。それはいかにも単純な方法です。しかし、一面入試に関する限り、決して価値のとぼしい方法ではないのです。私は具体的に、問題に即してこのことを説明しなくてはなりません。それを私は、便宜上、「追跡」と「停止」との二つに分けて記したいと思います。「どこからどこへ」と「私はどこにいるか」の二つと言っても同じことです。入試現代文が、多くは公的表現の断片である以上、われわれの「追跡」が、いつまでも続くはずはもともとないのです。問題文の最後の句点で、われわれはいやでも「停止」しなくてはなりません。「停止」して「見まわし」「自分はどこにいるか」をたしかめなくてはなりません。そして、私が「たった一つのこと」として「追跡」を言う場合は、そのうちに当然「停止」をもふくむのです。だからそれは「たった一つのこと」なのです。「追跡」「停止」の二つに分けて記すということには、全く便宜的な意味しかないのです。

2 追跡 ——どこからどこへ——

【一七】左の文章を熟読して、後の問に答えなさい。

人々の習慣として、二つのものの間にある類似を認めてしまうと、両者の相異点に関してさえ、一方について真なるを確かめた事柄を、両者いずれについても主張するものである。かくて人々は、専ら精神のもつ認識によって成り立つ学問と、身体のある種の活動や素質を必要とする技術とを混同し、さらに、すべての技術が同時に同一人によって学ばれ得ず唯一の技術のみを練習する者の方が容易に優秀な技術家となることを見て、⑴学問もまた同様であると信じた。そして⑵諸々の学問を対象の相異によって互に区別し、一科一科の科学として、他のすべてと切り離して研究すべきだと思い込んだ。しかし実はあらゆる学問は「人間的智恵」に外ならず、⑶このものは如何に異なった事象に向けられても常に同一たるを失わず、それら事象から差別を受けとらぬこと恰も太陽がその照らす事物の多様から何の差別をも受けとらぬのと[4]同様である。故に精神を何らかの限界に閉じこめる必要はないのであり、事実一つの真理の認識は、一技術の練習が他の技術の獲得を妨げるように他の真理の発見を妨げることがなく、むしろ却って助けるものである。大多数の人が、人間の習俗、植物の特性、星の運動、金属の変質といったような学説の対象をば極めて細心に究明し、しかも他方ほとんど誰も、「良識」即ちかの普遍的な智恵について考えないという事は、実に驚くべきことだと思われる。というのは[5]「智恵」以外のすべてのものは、[6]それ自身によってよりもむしろこの智恵に寄与するところあるが故に尊ぶべきものなのだからである。学問研究を[7]この一般的目的に向かわせずに他の特殊な目的に向かわせることほど我等を真理探究の正道から外させるものはない。ここに特殊な目的というのは、誤れる且つ非難すべき目的、例えば空しい名誉、卑しむべき利得などではない。事実[8]かかる目的のためには、真理の確固たる認識よりも狡智や詭計の方が遥かに近道である。問題にしているのは、外ならぬ正当な賞讃すべき目的でありながら、屢々我等を一層巧妙に欺くそれなのである。例えば我々が、生活の幸福に資する学問を研究する場合の如きである。学問の与えるこの正当な成果を成程期待してもよい。けれども研究中にそういう成果を念頭に置くならば、他の事物の認識に必要な多くのことを、一見あまり有益でないように思われるとか、面白くなさそうに見えるとかのために捨てて、唯一の目的のための研究に捉われてしまいがちなのである。そこで、すべての学問が相互に結合していて、分離するよりもすべてを一度に学ぶ方が遥かに容易であることをよく心得ねばならぬ。従って真面目に事物の真理を探究しようと欲するなら、どれか一つの学問を選ぶより却ってたゞ、(9)理性の自然的光明を増すことの方を心掛くべきである。これは教室でのあれこれの難問を解くためでなく、生活の一々の状況において知見が意志に何を選ぶべきかを示すようにするためなのである。

問一 「学問」が何と如何様に同じだといっているのか。

問二 対象を異にする学問の例を三つ挙げてみよ。

問三 「このもの」とは何を指すか。

問四 「同様」とは何が何と如何様に同じなのか。

問五 「智恵以外のすべてのもの」とは例えば何か。二例以上挙げよ。

問六 「それ」は何を指すか、例をも附して示せ。

問七 研究を向かわせるべき一般的目的とは、即ち□□□□□へ寄与することと解すべきである。(空欄ヲ適当ナ漢字五字デ埋メヨ。)

問八 「かかる目的」とは何を指すか。

問九 本文著者の思想に従って(理想の自然的光明を増すこと)の章句を置換えるとすれば、

左記の三通りの中、いずれが適当か。

(イ) 専門的技術の習得　(ロ) 人間的智恵の形成　(ハ) 科学的認識の把握

問十 全文の主旨を百字以内にまとめよ。

（神戸大学）

「追跡」のモデルケースとして、この問題を考察することからはじめます。十分な理解を期待します。したがって、解説も、細かくなります。まず静かに、設問をもふくめて二度ほど読んで、それから私のことばをきいて下さい。

「人々の習慣として、二つのものの間にある類似を認めてしまうと、両者の相異点に関してさえ、一方について真なるを確かめた事柄を、両者いずれについても主張するものである。」

まず最初に、こういうことばが語られています。一般に、問題の最初のセンテンスにはよほど注意をはらう必要があるのですが、この問題に関しても同様で、われわれはまずこのセンテンスを完全に理解することから始めなくてはなりません。ここからわれわれの追跡がスタートを切るわけです。「追跡」とは「どこからどこへ」ということを把握することです。その「どこから」にあたるのが右の一文です。われわれは今、出発点に立っているのです。そこで述べられていることばは、一読して理解できる程度のもののようです。別にむつかしいことばもありません。しかし、全体が抽象的な表現です。抽象的な表現を理解するためには、具体的な内容を附与することが必要です。そしてその場合に役立つものは、前述した問題意識の働きです。あなた方ももうずいぶん長く生きてきたわけです。少くとも十八年。その間には実にさまざまな経験をへてきているはずです。そういうさまざまな経験の中から、今この最初の文の趣旨にあう事実を、上手に思い出すことができれば、それでこの文はわかったということになるのです。ここに働く問題意識とは、想像力・記憶力・連想力等の綜合《そうごう》です。私は先に問題意識をその正統的な面に限って略述しましたが、実はそんなにいつも堅苦しいものである必要はないのです。例えば子供たちがよくやっている謎々などにも、その片鱗はあらわれるのです。一つやってみましょうか。「幽霊と魚はどこが似ているか。」答えて下さい。いろいろな珍答が出てくると思います。これは実際に私が子供に出された問題です。私は即座に「両方とも足がない。」と答えて、合格しました。大分わき道にそれましたが、さて幽霊と魚とはたしかに一点共通したところがあるわけですが、だからといって、「幽霊も泳ぎがうまい。」などと言ったら、笑われずにはすまないでしょう。この程度では、あんまり事態が明瞭すぎるからです。しかし、判別しにくい場合もたしかにあるのです。モウパッサン――このフランスの著名な作家については多分ご存じだと思いますが、そのモウパッサンの短篇に「くびかざり」という作品がありますす。ある貧しい主婦が、お金持の友人から立派なダイヤのくびかざりを借りて夜会にゆきます。そしてそのくびかざりをなくしてしまいます。夫婦はやむを得ず、三万六千フランという大金を借り集めて、よく似たくびかざりを買ってだまってそれを返します。それから十年、二人は大きな借財を支払うことのために生活したのでした。そしてやっと一切の借りをかえしてしまって、ほっとしたある日、シャンゼリゼエを歩いている、今はみるかげもなくやつれた主婦は、例の友人に偶然出あいます。そこではじめて、事情をうち明けますと、その女友だちは叫びます。「まあ！　どうしましょう！　マチルド！　私のはにせものだったのよ。せいぜい五百フランぐらいの品でしたのに……」このことばで作品は終ります。この最後のことばについて夏目漱石が、非難のことばを吐いていますが、そういう作品論には今はふける余裕はありません。私がここで言いたかったのは、マチルドは何故、たしかめもせずに、金持の友人のくびかざりのダイヤを本物だと思いこんでしまったかということです。恐らくマチルドの心には、お金持は本物の宝石を持つものだ――あの人はお金持だ――だからあの人のダイヤは本物だ、という判断が、疑う余地のないものとしてあったのでしょう。そうだとすればマチルドのまちがいの根本は、お金持は本物の宝石を持つものだ、という前提にあったわけです。沢山のお金を持っているという「ある類似」にもとづいて、その「持っている宝石は本物だ」という事実をすべての金持について信じこんだところに、とんでもない悲劇の発端があったわけです。これに類することと、この問題の冒頭の一文に述べられたような事実は、必ずあなた方の経験の中にも、一つや二つはあるはずです。それをうまく、要求に応じて想起することができるようになろうと心がけて下さい。AとBとは映画が大好きだ。そしてAは英語がよく出来る。ここまではよろしい。しかし、だからBも英語は得意だろうというと、おかしいことになります。事実Bは英語が得意であるかもしれません。しかし得意でないかもしれないのです。そしてそれを知りわける手がかりは、右の条件では明らかに不十分です。

「かくて人々は、専ら精神のもつ認識によって成り立つ学問と、身体のある種の活動や素質を必要とする技術とを混同し」

次いでこういうことばが現れます。ここまで読むと、最初のセンテンスの意味が大体はっきりしてまいります。「かくて人々は」の「かくて」とは、それ以後に述べられる、学問と技術の混同という事柄の引きおこされる原因を示すことばであり、その原因とはつまり、最初のセンテンスに述べられた、人間のある「習慣」を指すわけです。ここで筆者は、学問と技術との間にある「ある類似」について語るべきなのですが、それはもうわかり切ったこととして省略したと考えていいでしょう。ここで、この文の筆者が、何を問題とするかもほぼ見当がついてまいります。論じられる問題は、学問と技術の混同に関するものであるらしい……。

「さらに、すべての技術が同時に同一人によって学ばれ得ず唯一の技術のみを練習する者の方が容易に優秀な技術家となることを見て、学問もまた同様であると信じた。そして諸々の学問を対象の相異によって互に区別し、一科一科の科学として、他のすべてと切り離して研究すべきだと思い込んだ。」

この部分までで、筆者のとりあげようとする問題は、その全体の姿を明らかにしたと見ていいでしょう。学問と技術とは似通った点が多い（ただし先にも記したように、このことについては何一つこの文ではふれていません。読者は各自それをおぎなわなくてはなりませんが、この点はもう特に解説の必要もないと思います。学問と技術とが、切っても切れぬ関係において結びつき、おたがいに他を進歩させてきているという事実は、今日誰の前にも明らかであるはずだから。）――ところが技術の習得には唯一の技術を練習するのが最善の道だ。――だから学問も、一科を専門として学ぶべきだ。こういう判断が、世間一般に行われている。この事実に問題があると筆者はいうのです。どういうところへ筆者はわれわれをつれてゆこうというのでしょうか。いよいよ追跡の道は登りにさしかかるわけです。

「しかし実はあらゆる学問は『人間的智恵』に外ならず、このものは如何に異なった事象に向けられても常に同一たるを失わず、それら事象から差別を受けとらぬこと恰も太陽がその照らす事物の多様から何の差別をも受けとらぬのと同様である。」

この長いセンテンスから、われわれは、筆者の熱意を感じないであろうか。筆者は、学問と技術の混同からひきおこされる、技術にならって学問を習得しようとする態度の、あやまりであることをここにはっきり告げています。そしてそういう筆者の主張の重要な根拠をなすものは「あらゆる学問は『人間的智恵』に外ならず」という筆者の学問観であることを、われわれはしっかり心にとめる必要があります。このように、筆者の語調を感じとり、筆者の主張に耳を傾け、主張の根拠をはっきりと理解すること、それが「追跡」なのです。そして、ここまで、われわれは、一つのまとまった意見を聞いたことになります。くどいようですが、ここまでのところを一応整理すると次のようになります。

① 学問と技術はもともとよく似た性格を持っている。
② 技術は、唯一の技術を習練すべきものである。
③ だから、学問もそれと同様に、一科の学を他と切り離して研究すべきである、という俗見は間違っている。
④ 何故なら、あらゆる学問は「人間的智恵」に外ならず、「人間的智恵」は如何なる対象

に向けられても常に同一たるを失わないからである。

ここで、これまでの部分について三つの設問が提出されているが、右のように追跡を続けた結果、それらの設問はもう、おのずから答えられてしまっていることに気づいていいはずです。読者諸君いかがですか。**問一**から**問三**までに答えることが、まだ困難ですか。そんなはずはないと信じます。しかし、ここであまり足を止めているわけにはゆきません。筆者はまだ先に進んでゆくのですから。追跡を続けましょう。

「故に精神を何らかの限界に閉じこめる必要はないのであり、事実一つの真理の認識は、一技術の練習が他の技術の獲得を妨げるように他の真理の発見を妨げることがなく、むしろ却って助けるものである。」

「故に」というのは、もちろん前をうけることばですが、こういうことばは、それ以前の何を受けるかを常にはっきりさせなければいけません。いいかげんでは追跡になりません。この「故に」は、明らかに「あらゆる学問は『人間的智恵』に外ならず」を受けます。だからこそ「精神を何らかの限界に閉じこめる必要はない」ということになるのです。ここまできてちょっと立ちどまって、「精神」ということばについて考えておかなくてはなりません。もっと前に考えてもよかったのですが、その機を失しました。すでにわれわれは、「専ら精神のもつ認識によって成り立つ学問と、身体のある種の活動や素質を必要とする技術」という筆者のことばをたどってきております。学問とは専ら精神のいとなみであり、技術とは身体のいとなみを加えたものである――筆者はそういっているのです。そうすると、学問と技術との区別は、純粋に精神のいとなみかどうかということ、あるいは肉体のいとなみをも加えたものかどうかというところに見られていいことになります。そしたら、そこでもう一歩追跡して、すると、筆者が、学問と技術との間の「ある類似」については、自明のこととして一言もふれていなかったのは、人間における精神と肉体との全く自明な「ある類似」をそこに連想していたのではないか。あるいは、読者が、自分の精神と肉体との切っても切れない連関を考えさえすれば、それですむことだと考えていたのではないかという推定が浮かんできます。もう一つついでに、ここで考えておいてもよいことは、精神の世界には、量的な制約がないのに対し、物質の世界は厳然たる量的世界であるということです。例えばお金は、二人で分ける場合と三人で分ける場合とでは、もちろん分け前に差があります。受け取る人数がふえればふえるほどどんどん取得額はへってゆきます。これに反して、例えば数学の定理は、何人の人がこれを学び取ろうとも、へったり、意味が薄れたりするようなことは断じてありません。むしろ、多くの人々が知れば知るほど、その定理の人間的意味はかえって豊かになるでしょう。これが、精神の世界と物質の世界との根本的なちがいなのです。だから諸君も、精神の世界においては大いに欲張って下さい。そのかわり、物質の世界ではあまり欲張らないで下さい。学問においていくら欲張っても、誰一人それを非難するものはないはずです。このことは、今は直接必要ではないかも知れませんが、追跡途上の副産物として、記憶しておくこととしましょう。

さて、われわれの追跡は、「故に精神を何らかの限界に閉じこめる必要はない」というところまでたどりついたわけですが、その直後において筆者は、技術と学問認識との性格のちがいを述べたあとで、単に精神を一つの限界にとじこめない方が、真理を発見したり認識したりするためには、「むしろ却って助け」となるということをわれわれに告げます。技術と学問とが同じ習得方法をとる必要はないという筆者は、ここで一歩進んで、学問習得の場合には、技術習得の場合のあべこべの方法の方がいいのだと言います。誤解をさけるために言っておきますが、この主張の理由としては、あらゆる学問は「人間的智恵」だということ、「『人間的智恵』は如何に異なった事象に向けられても変わらない」ということ、だけでは未だ不充分だということです。どんな学問をやっても、それは結局「人間的智恵」をみがくことだという理由から言えることは、学問には、技術習得の方法はあてはまらないということだけです。学問には技術の方法はあてはまらないということと、学問には、技術の方法の逆があてはまるということとは、けっして同じ主張ではありません。それがわかれば、今筆者が、技術の方法の逆を主張した以上、あらたにその理由を述べるべきであるということにも気附くはずです。そういう意識で、文章をたどると、果してそれが見当ります。

「というのは『智恵』以外のすべてのものは、それ自身によってよりもむしろこの智恵に寄与するところあるが故に尊ぶべきものなのだからである。」

前の引用と、この部分との間にはさまった部分は、大多数の人々が、技術の方法で学問をやっているという事実を述べたところで、論旨の発展の上には大した関係はありません。それで省略しました。学問の方法は、技術の方法とは逆であるべきであるということが何故言い得られるか。それは、「智恵」すなわち「人間的智恵」――「良識」ということばも同じ意味に用いられています——だけが、それ自身価値のあるものであるのに対して、「『人間的智恵』以外のすべてのもの」は、それ自身価値を持つものではなく、「むしろこの智恵に寄与するところあるが故に尊ぶべきもの」なのだからだと筆者は説くのです。これは、重要な部分です。ここでまず見落してならないことは、「『智恵』以外のすべてのもの」の中には、技術がはいることはもちろんですが、それだけではなく、その直前の部分にあげられた、「『良識』即ちかの普遍的な智恵について考えない」で、一科の学だけを他から切り離して究明するという態度でいとなまれる学問もまたこの中に入るということです。もう一つ、是非とも、具体的に理解しておかなくてはならぬことは、一般に「価値」ということばで言われるものには、それ自身の中に持つ価値と、それ自身は価値を持たないが、他の価値に役立つ点において価値を示すものと、二通りのものがあるということです。あなた方の生活の中で、この二通りの価値について考えてみて下さい。一つの例をあげますと、水は人間の生活にとって、それ自身一つの価値です。われわれは、のどがかわいた時には、水なしではすごすことができません。それに対してお金——ことに紙幣は、それ自身は小さな紙きれにすぎません。しかし、それが、いろいろな品物を買い、いろいろな労力をやとう力を持つところに価値を保有するわけです。水にくらべると、紙幣の価値は、間接的と言わなくてはなりません。しかし、それなら水は、いつでも、それ自身のうちに価値を持っているでしょうか。それはなるほど人間生活にかけがえのない意味を持ったものです。しかし、そういう人間生活から切りはなして考える場合、水はそれ自身どういう価値を持つでしょうか。何も価値を持ちません。それなら、人間生活をはなれて、しかもそれ自身価値を持つものがあるか。例えば、この筆者のいう「人間的智恵」はどうか。それもまた、人間生活から切りはなしてしまえば、価値でも何でもなくなりそうです。そこでわれわれは、価値に関して、次の二つのことを学び得たことになります。価値というものは、人間と切りはなしては考えられないものだということが一つ。価値には、それ自身の価値と、他の価値に寄与する価値との二通りのものがあるということがもう一つ。それ自身に内在する価値を絶対的価値、他の価値に依存する価値を相対的価値と言って区別することもあります。これもついでに記憶しておいて下さい。筆者は、「人間的智恵」は絶対的価値であり、それ以外のものは、すべて、「人間的智恵」への寄与の程度によって計られる相対的価値だというのです。そしてそこから、もともと相対的価値の世界だけに止まらざるを得ないような技術の方法を学問に適用し、学問そのものをも「智恵」からはなれた、相対的価値としてしまうようなやり方は誤りだというのです。これでどうやら、筆者の主張とその根拠とが、一応はっきりしてきたわけです。しかし、まだ停止することは許されません。

「学問研究をこの一般的目的に向かわせずに他の特殊な目的に向かわせることほど我等を真理探究の正道から外させるものはない。」

ここで筆者のいう「一般的目的」とは、それ自身価値を持つ「人間的智恵」を指すことは、もう明らかだと思います。それがわかれば、それに対し、それと反対の意味を持つ「特殊な目的」ということばの意味も、同時にはっきりするはずです。それは、相対的価値でしかないものであり、とくに、何らかの限界に閉じこもって、人間の習俗とか植物の特性とかいう特殊な対象だけに熱中し、「人間的智恵」については少しも考えようとしないような学問の目指す目的であるはずです。ここから筆者の主張は、結末の一節に直接続いてゆきます。

「そこで、すべての学問が相互に結合していて、分離するよりもすべてを一度に学ぶ方が遥かに容易であることをよく心得ねばならぬ。従って真面目に事物の真理を探究しようと欲するなら、どれか一つの学問を選ぶより却ってたゞ、理性の自然的光明を増すことの方を心掛くべきである。これは教室でのあれこれの難問を解くためでなく、生活の一々の状況において知見が意志に何を選ぶべきかを示すようにするためなのである。」

われわれは、ようやく、最終のコースにたどりついたわけです。ここに示された一文の結論は、もうすでに、われわれには十分予想されたところでした。そういう予想がはっきり立てられ、しかもそれが事実、筆者のことばと一致する場合は、われわれの追跡が正しかったことの証明です。「一つの学問を選ぶより却ってたゞ、理性の自然的光明を増すことの方を心掛くべきである。」筆者の主張は、ここに、その結論を示しております。「理性の自然的光明」とは、「人間的智恵」であり、「良識」であることには、もう少しの疑いもあってはなりません。しかし、その後にくる、この文の最後のセンテンスには、やや新しい意味が示されているようです。われわれは筆者とともに、学問は、分離してよりすべてを一度に学ぶべきだという立場をたどってきたわけです。そしてそれこそが、学問の「一般的目的」たる「人間的智恵」をみがくことに適した方法であることを理解しようとしてきました。しかし、ひるがえって考えると、その「人間的智恵」そのものについては、「あらゆる学問は『人間的智恵』に外ならず」とか、

『智恵』以外のすべてのものは」それ自身価値を持たぬとかいう、断定のことばは聞かされてき ましたが、それ以上立ち入った解説はありませんでした。筆者には、自明のことだったから でしょう。それが、「これは教室でのあれこれの難問を解くためでなく」と解説され、さらに、「生活の一々の状況において知見が意志に何を選ぶべきかを示すようにするためなのである。」ということばにぶつかって、はじめて、「ああそうか」という思いがするのです。「知見」とは「智恵」です。人間が、人間生活のさまざまな状況において、常に正しくあるために「知見」が「意志」にあやまたずに、各瞬間において何をなすべきかを教えることができるためだと筆者は言うのです。「人間的智恵」とは、人間生活を正しく導くための、人間内心の指針のことだったのです。筆者は、一切の学問を、正しい人間となるためのものと考えていたことも、ここではっきりしてきたではありませんか。これで一休みしたいところです。しかし、まだ一箇所だけ考えるところが残っています。それは、先に省略した次の部分についてです。

「ここに特殊な目的というのは、誤れる且つ非難すべき目的、例えば空しい名誉、卑しむべき利得などではない。事実かかる目的のためには、真理の確固たる認識よりも狡智や詭計の方が遥かに近道である。」

先にもすでにふれたように、筆者のいう「特殊な目的」というのは、あの「普遍的な『智恵』」とは無関係にいとなまれる場合の学問の目指すところ、例えば、星の運動とか金属の変質とかであったはずです。しかし、正しくそう受取られるかどうかについて、幾分かの心配があったために、筆者はとくにこういうことばをさしはさんだと考えていいでしょう。「特殊な目的」ということばは、ことに学問研究についての場合はたしかに誤解をまねくおそれもあるようです。そこで筆者は、一番誤解されそうな方向を自分でふさいだのがこの部分です。ここまでのところはただそれだけのことです。

「問題にしているのは、外ならぬ正当な賞讃すべき目的でありながら、屢〻我等を一層巧妙に欺くそれなのである。例えば我々が、生活の幸福に資する学問を研究する場合の如きである。学問の与えるこの正当な成果を成程期待してもよい。けれども研究中にそういう成果を念頭に置くならば、他の事物の認識に必要な多くのことを、一見あまり有益でないように思われるとか、面白くなさそうに見えるとかのために捨てて、唯一の目的のための研究に捉われてしまいがちなのである。」

ここでは、直前においてあらかじめ誤解をふせいだ上で、積極的に「特殊な目的」について解説が行われます。「特殊な目的」とは、「正当な賞讃すべき目的」であり、それはたとえば「生活の幸福に資する学問を研究する場合の如きである」と筆者は言います。そして、そういう一見正当にして有意義に見えるものであっても、「特殊な目的」のための学問は「我等を真理探究の正道から外させる」危険を持つということを、筆者は例証をあげて説いているのです。ここで注目すべきは、「生活の幸福に資する学問」ということばです。それはたしかに「正当な」、また「成果を期待してもよい」学問であるように思われます。しかし、「生活の幸福に資する学問」の価値は、どの程度「生活の幸福に資することができたか」という一点にかかっていることは否定できません。「生活の幸福」はもちろん一つの価値です。そういう価値にどの程度寄与したかというところに生命をおいている学問——それは、疑いもなくそれ自身によってよりもむしろ他の価値に寄与するところあるが故に尊ぶべきものと言わなくてはなりません。だからそういう目的を持った学問は絶対の価値を持ちません。従ってまた、そういう「特殊な目的」を目指す研究は、必然的に、その「特殊な目的」にしばられた、ちょうど一つの技術の習得の場合とよく似た形をとることになるわけです。理屈はいろいろつけられるでしょうが、結局、「特殊な目的」だけのための研究となり終るのです。その事情を、筆者は、大変暗示にとんだことばで記します。「研究中にそういう成果を念頭に置くならば、他の事物の認識に必要な多くのことを、一見あまり有益でないように思われるとか、面白くなさそうに見えるとかのために捨てて、唯一の目的のための研究に捉われてしまいがちなのである。」と。そしてそこから、「そこで、すべての学問が相互に結合していて、分離するよりもすべてを一度に学ぶ方が遥かに容易であることをよく心得ねばならぬ。」という結論の部分につながってゆくのです。これでやっとわれわれは、停止する時を得たわけです。追跡は、一応終ったわけです。しかし、追跡が一応終った後の停止は、直ちに休息の時ではないのです。われわれは、この停止において、静かに、前後左右を見渡し、自分はどこからどこへたどりついたか、今自分はどこにいるかを、はっきりたしかめなければなりません。「停止」に関しては、次の項でくわしく述べるつもりですが、「停止」とは「追跡」の最終の、そして仕上げの段階なのですから、やはり、この問題に関するかぎりは、記しておかなくてはなりません。

かえりみると、なかなか困難な、長い追跡でした。今静かに展望し、回顧すると、われわれは、人間精神のおちいりやすいある奇妙な習慣という平地から出発し、今は、学問は分離しないで一度に学ぶべきである。何故なら学問は、「人間的智恵」という「一般的目的」のためにあるものだから、という、ずい分高い、恐らく海抜五千米くらいの高地に立ったのでした。道は必ずしも直線ではありませんでしたし、われわれの視線は、しばしば道の左右にひらけた景観に引きつけられたのでした。そして途中で何度か立ち止ったのでした。今、追跡のメモから、われわれが筆者に導かれつつたどった足どりに、一応の整理を与えて、われわれの追跡を終ることとしましょう。

① 学問と技術はもともとよく似た性格を持っている。
② 技術は、唯一の技術を習得すべきものである。
③ だから、学問もそれと同様に、一科の学を他と切り離して研究すべきである、という俗見は間違っている。
④ その理由の一は、あらゆる学問は等しく、「人間的智恵」を目指すべきだからである。
⑤ その理由の二は、「人間的智恵」のみが自身価値を持ち、それ以外のすべてのものは、この「智恵」に寄与するところあるが故に価値を持つものだからである。
⑥ どんなに正当に見えても、それ自身価値を持った研究でないかぎり、その研究は結局真理探究の正道からはずれてゆく。
⑦ 以上の諸点から言い得ることは、学問は一度に多くのものを学ぶべきであるということ、つまり、学問の方法は、技術の方法とはあべこべであるべきだということである。

長い追跡のあとでは、もう設問に答えることは、苦もないことであるはずです。設問に答えるための追跡——そう言ったら、この文の筆者に叱られるにちがいありません。本当にのぞましいのは、正しく追跡したものの目には、設問はみずからその答を物語らずにはいないという状態が生まれることです。諸君は、各自についてこの点をたしかめてみて下さい。もし、今にいたってもなお、設問にどう答うべきかを知らないというようでしたら、私の追跡は失敗だったか、あるいは、諸君が私と一しょに追跡しなかったかどちらかです。ここで簡単にふれてみますと、**問一・三・四**には問題はないと思います。**問二**は、本文の論旨そのものからはそれた常識問題ですが、手がかりは本文中にもあります。植物学でも天文学でも歴史学でも、何でもいいわけです。**問五**も「例えば何か」というところが、**問二**と同じような性格を示しています。しかし、「それ」が「智恵以外のすべてのもの」つまり「特殊な目的を目ざす学問」を指すことがわかれば、その答は**問二**と同じであることがおわかりになるはずです。**問六**は**問五**と全く同じもの。**問七・八・九**は問題はありますまい。**問十**は、文章を自分でつづるのですから、そこに多少の巧拙はあるでしょうが、すでに「追跡」を終えたものには、本質的な困難はないはずです。先に記した要約の中、特に③⑤⑥⑦に着目して、許された字数でまとめればいいのである。一例を示しておきましょう。

「学問は技術と異なり、人間的智恵に外ならぬ。学問研究者は、この一般的目的に向かって進み、特殊の世界にとじこもるべきではない。従って、学問は、技術のように分離してでなく、一度に多くを学ぶべきである。」(九十七字)

【一八】次の文を読み、あとの要旨のうち最も適当なものに◎を、それに近いもの一つに○をつけなさい。

ある人は科学をもって現実に即したものと考え、芸術の大部分は想像あるいは理想に関したものと考えるかもしれないが、この区別はあまり明白なものではない。広い意味における仮説なしには科学は成立しえないと同様に、厳密な意味での現実を離れた想像は不可能であろう。科学者の組み立てた科学的系統は畢竟《ひっきょう》するに、人間の頭脳の中に築き上げ造り出した建築物製作品であって、現実そのものでないことは哲学者をまたずとも明白なことである。また一方において芸術家の製作物は、いかに空想的のものでも、ある意味において皆現実の表現であって、天然の法則の記述でなければならない。俗に絵そら事という言葉があるが、立派な科学の中にも、厳密に詮索《せんさく》すれば絵そら事は数え切れぬほどある。科学の理論に用いられる方便仮説が現実と精密に一致しなくてもさしつかえないならば、いわゆる絵そら事も少しも虚偽ではない。分子の集団から成る物体を連続体と考えて、これに微分方程式を応用するのが不思議でなければ、色々の斑点《はんてん》を羅列して物象を現すことも少しも不都合ではない。

1　科学は現実に即したものであり　芸術は想像を主とするものである。

2　仮説なくして科学は成立し得ないと同様、想像なくして芸術は成立しえない。その点両者互いに相一致するものがある。

3　現実的な科学の中にも多分に空想が含まれ、空想的な芸術の中にも、多分に現実味が含まれているものである。

4　科学と芸術とは、それ〴〵現実に即する仮説・想像によって成立するものであって、その点互いに相一致するものがある。

5　科学において現実をはなれた想像がないと同様、芸術においても現実をはなれた空想はない。

6　科学と芸術とはそれ〴〵現実を超越した仮説・想像によって成立するものであって、その点互いに相一致するものがある。

（鳥取大学）

科学と芸術との異同――どういう共通点があり、どういう相違点があるか――に関しての記述は、入試現代文にしばしば取り上げられるものの一つです。そのことを考慮に入れた上で、この問題を考えてゆきましょう。

出発点は、最初のセンテンスから、科学と芸術のちがいというところからです。「ある人は科学をもって現実に即したものと考え、芸術の大部分は想像あるいは理想に関したものと考える」というところから、われわれの追跡は始まります。そしてこの考え方は、けっして「ある人」のものであるにとどまらず、いわば世人の常識だと言っていいでしょう。科学は学問一般を意味しますが、学問と言わずに科学という場合には、おのずから、学問の典型を自然科学において考えるという態度が感じられます。科学とは、そういうニュアンスをふくんだ上で、学問一般を意味すると言ったら、大体正確な解釈になると思います。学問、とくに自然科学と芸術——科学者と芸術家。一般の常識からはこの両者はやはりある対照を示す存在であるのが普通でしょう。あなた方が将来自然科学を勉強したいと言った場合と、芸術をやりたいと言った場合とでは、恐らくあなた方のお父さんの顔つきはかなりの相違を現すのではないでしょうか。この常識を、まず心の中にしっかり浮かべることができれば、われわれの出発地点もまた明瞭になったわけです。ところが、すぐ続いて筆者は、「この区別はあまり明白なものではない」とわれわれに話しかけます。追跡はここからいよいよ、登り路にさしかかってゆきます。しっかり足を踏みしめて下さい。するとまず次のような、明らかに科学と芸術との共通面と見られるものの提示が目に映ります。

「広い意味における仮説なしには科学は成立しえないと同様に、厳密な意味での現実を離れた想像は不可能であろう。」

筆者の常識批判は、科学を「現実に即したもの」、芸術を「想像に関したもの」として区別する、その「現実的」と「想像的」という二つの考えそのものに向けられます。そして「現実に即したもの」とされる科学も、実は現実を離れた「仮説」の上に立つものであり、逆に、非現実的な「想像に関したもの」とされる芸術の場合、その「想像」は現実を離れては不可能であるという事実があげられます。こうなると、常識の場合とはあべこべに、科学は非現実的、芸術は現実的と言わなければならなくなります。追跡上の注意点は、筆者が、科学と芸術の区別を抹殺しようとしているのではないということを理解することです。筆者はただ「この区別はあまり明白なものではない」というのです。そして、「この区別はあまり明白でない」ということの証拠としては、前述の指摘は十分役立ちます。しかし、科学と芸術は区別がないものだという主張には、必ずしも役立ちません。常識とは逆に、科学を非現実的、芸術を現実的と言ってみても、非現実的なものと現実的なものとを、同一のものと見る理由にはならないはずです。追跡を次の二つのセンテンス「科学者の組み立てた科学的系統は」から「天然の法則の記述でなければならない。」までに進めてゆきますと、この二つのセンテンスに述べられていることは、やはり、科学の非現実性と芸術の現実性とを、幾分具体的に述べたものであることがすぐ了解されます。とすると、論旨は、別のことばで言いかえられているだけで、必ずしも進展はしていないと見ていいわけです。さらにそれに続く二つのセンテンスに目をむけましょう。そこには「科学の中の絵そら事」と「絵そら事も少しも虚偽ではない」事とが記されますが、これもまた、前述の論旨のくりかえしにすぎません。そして最後のセンテンスが来るのですが、そこに述べられていることは、「科学の中の絵そら事」の具体例として「分子の集団から成る物体を連続体と考えて、これに微分方程式を応用する」科学の立場が不思議でなければ、「色々の斑点を羅列して物象を現すことも少しも不都合ではない。」と言っているのです。「斑点を羅列して物象を現す」ということばは、恐らく南画の場合を言っているのでしょう。ここでわれわれは停止します。そしてふりかえってみるとこの問題の追跡は、割合と直線的なコースであり、道のりも長くはなかったことを感じます。そこで設問にとりかかるわけです。1は、先に、世間の常識と呼んできた立場で、そこがわれわれの出発点でした。出発点を、全文の要旨とみることは、もちろんできかねます。2は、論旨は必ずしも本文と矛盾はしないけれども、先にも記したように、筆者は、科学と芸術との一致を主張しているのではない点が、重大な難点となります。それに比べると3は、本文中の一番主要な主張を、そのまま述べたもので、これなら、大体本文の要旨と言ってさしつかえなさそうです。4は「現実に即する仮説」というところで、誤りをおかしております。5は、科学について、想像という性質を考えていますが、これは明らかに本文と合いません。6は、4に似ていますが、これは「現実を超越した想像」というところで、誤りを示しています。以上のように眺めてくれれば最適のもの一つと、それに近いもの一つをえらぶということには、もう少しも頭をかしげる必要はないと思います。追跡が正しく行われた証拠です。

【一九】 次の文をよく読んで、左の四つの問に答えなさい。

真理の探求、科学の研究は、それ自身において科学者の全人的傾倒に値するものであるか、それともそれが人類にもたらす恵沢によって尊きものとされるのであるか。より[A]に考えて、たとえば明らかに人類にとって[B]なテーマの研究も、科学の名においてすれば、科学者の全人的傾倒に値するものとなることができるか。ここに真摯《しんし》な科学者の必ず一度は当面しなければならぬきわめて厳粛な根本問題が横たわっている。すなわち、標語的な表現をもってすれば、それは「科学のための科学」か、それとも「人生のための科学」かの問題、「純粋思惟《しい》としての科学」か、「力としての科学」かの問題にほかならない。私は今これらの対立する二大科学観の審判者と C 。実際、この勝負を判定することよりもむしろ、それらがそれ〴〵の立場において科学的研究における科学者の逸脱・堕落を防止して、それを正道に推進するところの匡正《きょうせい》的理念であることの意義を闡明《せんめい》することの方がより大切なのであるまいか。すなわち強力の干渉や利益の誘惑が真理の探求を攪乱《こうらん》せんとおびやかす時、科学者はこれが防衛のために「科学のための科学」の理念を確持すべきであり、これに反して学問における逃避・偸安《とうあん》・自慰・好事《こうず》・驕慢《きょうまん》等々が戒められねばならぬ場合には、「人生のための科学」の理念が高揚せらるべきであろう。それゆえに、これら二つの科学観は、択一的によりも、むしろあいまって作用する時、真理のための科学的研究を完璧《かんぺき》ならしめるものと考えられる。かくてわれ〳〵は、科学者の学問に対する真実なる態度が、純粋無雑なる精神をもって科学的真理の探求に傾倒し、科学的真理によって人生に奉仕するゆえんを理解しうるのである。

問一 文中ABCの空欄の内に、次にあげることばの中から、それぞれ最も適当な語句を選んで、その符号を記入しなさい。

A
(イ) 人間的
(ロ) 科学的
(ハ) 具体的
(ニ) 専門的

B
(イ) 有害
(ロ) 有力
(ハ) 有効
(ニ) 有数

C
(イ) なろうと思わない
(ロ) なろうと思う
(ハ) なろう
(ニ) ならない

問二 左の語句を、関係の深いものによって三つの群にわけなさい。

1 力としての科学　2 科学者の正道　3 科学者の全人的傾倒
4 人生のための科学　5 真理のための科学　6 学問における驕慢
7 興趣としての科学　8 利益の誘惑　9 学問における逃避
10 純粋思惟としての科学　11 効益をねらう科学　12 科学のための科学

問三 次の語句をわかりやすく説明しなさい。

(1) 全人的傾倒
(2) 力としての科学
(3) 学問としての好事

問四 「科学者の逸脱・堕落」ということについて、この文では具体的にどのように説明していますか。

問題**【一七】**をくわしく追跡した記憶の新しいわれわれは、この問題に、非常な親しみやすさを覚えます。さっそく、追跡をはじめることにしましょう。まず最初のセンテンスによって、

「真理の探求」「科学の研究」——この両者は、ここでは同義語として使われています——は、「それ自身において科学者の全人的傾倒に値するものであるか、それともそれが人類にもたらす恵沢によって尊きものとされるのであるか」とわれわれは問いかけられます。ここがわれわれの出発点です。全人というのは、知・情・意をかねそなえた、円満な人格の人を意味しますが、**問三**に関係しますが、ここでは、人間としてのすべて、というほどの意味です。そうすると全人的傾倒とは、人間としてのすべてを注ぎつくすこと、その人の全心全力をつくすことを意味することと考えていいわけです。そこで、われわれの出発点をもう一度整理すると、つまり、科学研究はそれ自身価値を持つのか、人間生活に利益を与えるから価値を持つのか、どちらが正しい考え方であろうかというのです。この出発点から、追跡をはじめてゆきましょう。そうすると、その次の「より[A]に考えて」、から『力としての科学』かの問題にほかならない。」までのところは、出発点における問題を、一層くわしく解説した部分と考えていいわけです。二箇所の空欄があるために、われわれの追跡はなかなか困難ですが、しかし、くりかえし読んでみますと、「ここに真摯な科学者の必ず一度は当面しなければならぬきわめて厳粛な根本問題が横たわっている。」という、その根本問題というのは、われわれの出発点において直面した問題とはっきりつながっているものであるはずだということに気づきます。さらに考えると、「科学の研究はそれ自身価値を持つ」という立場——「すなわち」以下の部分のことばをあてはめると、「科学のための科学」「純粋思惟としての科学」がそれと同じ意味であることがわかりますが——をとるか、人類にもたらす恵沢によって価値を見る立場——「人生のための科学」「力としての科学」をとるかという問題に関して、それらを一つの「たとえば」という具体例によって示したのがこの部分になるわけです。そういう例として考えられることは、その一つの具体例のうちに、二つの科学観の矛盾、対立がはっきりあらわれているはずだという点です。Aの空欄はもうここまでで解決がついたはずですがBの空欄を解くにも、以上のように考えれば、大体見当がついてくるでしょう。「[B]なテーマの研究も、科学の名においてすれば、科学者の全人的傾倒に値するものとなることができるか。」という部分から、「科学の名においてすれば」以下によってそれが、「科学のための科学」の立場を示すことは明らかです。そうすると[B]の中にはいる研究主題は、人類にとってあまり有難くないものでなくては問題になりません。もともと人類にとって有益な研究主題なら、どちらの立場から言っても何のさしつかえはないはずだからです。つまりBは、「有害」ということばだけが、あてはまることになります。そう考えてくると、ここに例としてあげられた問題は、今日、まさしく科学研究上の大問題であることが、われわれの頭に、ある事実を通してはっきり浮んできていいはずです。それはあの原爆の問題です。今日、世界中の科学者は、原子力研究をめぐって、右の根本問題にいやおうなしに直面させられているはずですし、また人類一般も、その問題については重要な関心をはらっております。原子力の研究を、「科学のための科学」の立場から、あっさり割切る態度に対しては、われわれは不安と憤激を禁ずることができません。次々に恐ろしい人類殺戮《さつりく》の武器が作られてはたまったものではありません。と同時に、それでは原子力の研究は一切中止してしまえと叫ぶべきでしょうか。それならそれで問題は簡単なのですが、そうはいかない他の事情もあります。原子力平和利用の問題です。武器・爆弾として身の毛のよだつような力を持つ原子力エネルギーは、同時に、もしそれが平和目的に利用される場合には、本当にびっくりするほどの恵沢を人類に与えるに違いないからです。この問題はまさしく今日の、われわれの前に横たわる重大問題の一つです。だからこのことは、問題文のBの空欄をうめることと関連して、当然われわれの心に浮びあがっていいはずです。それが全然浮んでこないものがあったとしたら、そういう問題意識の薄弱さでは、もうはじめから大学生になる資格はないと言われても仕方がありません。そういう人は、この問に正しく答えるのにも非常な困難を味わわなければならないでしょう。当然のことです。これだけのことをつかんだら追跡を一歩すすめていい時です。そうすると次にこういう提案にぶつかります。

「この勝負を判定することよりもむしろ、それらがそれぞれの立場において科学的研究における科学者の逸脱・堕落を防止して、それを正道に推進するところの匡正的理念であることの意義を闡明することの方がより大切なのであるまいか。」

ここにわれわれは、この二大科学観の対立に処する筆者の立場が、明らかに物語られていることを見ることができます。筆者はどっちが正しく、どっちが誤っているという審判を下すことをさけて、両方とも正しい、どちらか一つを欠いても科学は逸脱し、堕落すると言うのです。それはおたがいに他を「匡正」する理念だというのです。こういう二つのものの関連を、しばしば「相互媒介関係」と言います。これは「矛盾関係」に対立することばです。お互いに他を成り立たせるような関係、したがってどちらか一方が欠ければ両方とも成り立たなくなるような関係を指すことばです。例えば、光と影、善と悪、などの間に見られる関係です。そこまで追跡してくると、もう［C］はおのずから解決できたわけですし、それから後の「すなわち」から、「科学的研究を完璧ならしめるものと考えられる。」までは、もう一度同じ論旨が、よりくわしく繰返された、説明の部分であることにも気づくはずです。説明とは、抽象的なことばに、具体的な内容を与えることです。ここでは、「人生のための科学」という立場が「強力の干渉や利益の誘惑」におびやかされた時は、「科学のための科学」の理念がその防衛に役立ち、反対に、「科学のための科学」が「学問における逃避・偷安・自慰・好事・驕慢等々」の堕落に陥ろうとする時、「人生のための科学」の理念が役立つという、事実が語られます。まさしく、それぞれ他を救う「匡正的理念」ということばは、具体的な内容が与えられたわけです。

そして、最後の結びのセンテンスがきます。

「かくてわれ〳〵は、科学者の学問に対する真実なる態度が、純粋無雑なる精神をもって科学的真理の探求に傾倒し（ここまでは「科学のための科学」です）、科学的真理によって人生に奉仕する（これは「人生のための科学」です）ゆえんを理解しうるのである。」

ここでわれわれは停止し、ここから展望するのです。

この結論を、原子力研究にあてはめれば、筆者は、原子力は研究されるべきである、ただし人生に奉仕する限りにおいて、という立場に立つわけです。そしてこれは一応もっともな考え方です。もし人類を最後に動かすものとしての政治の力が、良心と理性を失わないかぎり、原子力研究はどんどん進められていいはずです、しかし、世界の政治に、本当に良心と理性を期待できないところにわれわれの直面する不安があるわけですが、それは、この問題からさらに先に展開されるべきものでありましょう。諸君はどう考えますか。どうすればわれわれの不安を除くことができると思いますか。これは、二十世紀の人類に課せられた最大の課題の一つです。あなた方が大学に学ぼうとするのは、こういう問題に誤りなく答え得る人間になるためであるべきです。大学は断じて、単なる就職のための機関ではありません。

設問の**問一**に関しては、追跡の途上でふれました。**問二**については、もう別に言うことはありません。これだけ追跡をこころみた後でこの問題に手こずるということは、考えられないからです。**問三・四**についても、同様です。諸君は、自分の判断によって、もはやまようことなくそれらに答えることができていいはずです。最後に一つ付言しておきたいことは、右の問題における「科学のための科学」の態度を、一般に「科学至上」の態度、あるいは「科学至上主義」といいます。これは、他の対象にうつしても言えます。たとえば芸術もしばしば「人生のための芸術」と「芸術のための芸術」とに区別されます。そして「芸術のための芸術」の立場は、普通に「芸術至上主義」と呼ばれます。

【二〇】 次の文章を読んで、後の問に答えよ。

一つの影像が浮んだとする。之れが果して自己の創造力の中から湧いて来たのか、或は先人の影像(1)に曽《かっ》て接したのがふとしたきつかけで記憶の中に浮んだのかわからないことがある。しかもその影像を点検して見ると多くの場合、或る芸術上の伝統の匂ひをはつきり識別出来るのである。その時諸君は潔癖さから此の影像を(2)剽竊《へうせつ》したと感じて棄《す》てるであらうか？　若しさうするならあなたは之を剽竊したのである。此の潔癖さを棄てゝ更に一般の親身さを持つて此の影像を胸の中にはぐくんで見給へ。さうするとあなたと影像とが溶け合つてゆき、世界は涙ぐんだ眼で見た風景のやうに模糊《もこ》としていつて、しかもその底に幾条かの(3)格調ある筆触を以て描かれた縞《しま》が現はれて之を代表するであらう。此の縞の筆触こそあなたの個性であり、同時に(4)或る流派の骨法でもあるのだ。此の時はもはや影像があなたに影響して或る芸術的伝統をあなたに強《し》ひたのだか、あなたの個性が影像を生んで世界を(5)之に従属せしめたのだか、区別がつかないのである。　（原文のまま）

問一　次の各項のうち、この文の論旨と矛盾しないと思われるものには○印、そうでないものには×印をつけよ。

(イ)　独創的に捉えたと思われる影像も、本質的には伝統と個性との異質的なものに分離し得るものである。

(ロ)　個性的な創造にとって、伝統の影響が参与していることは争われないところである。

(ハ)　伝統とは個性的な創造にとって甚だ危険なもので、何物かを強制し、一歩を誤れば剽竊に陥らせるものである。

(ニ) 伝統とは個性に滲みこんで行って之を圧倒する力さえ持っているものである。
(ホ) 個性とか或る流派の骨法とか云うものは、一体となって創造的な世界を形成しているものである。

問二 文中の傍線を施した部分について次のように若干の補注を加えてみたが、これらのうち、正しいと思われるものには○印、そうでないものには×印をつけよ。
(1) 「先人の影像」とは、自分の創造力の参与していない世界についていっているものである。
(2) 「此の潔癖さ」とは、その前に述べられている行き過ぎた潔癖さをさしているものである。
(3) 「格調ある筆触」とは、専ら自己の創造力から出て来た世界を示そうとしていっているものである。
(4) 「或る流派の骨法」とは、一種の伝統的な世界を示そうとしていっているものである。
(5) 「之」とは、芸術的伝統ということばを受けて使われているものである。

（横浜国立大学）

出発点は「一つの影像」です。自分の心に浮んだ一つのイメージです。追跡をここからはじめます。まずわれわれの導かれる最初の地点は、「あなたは之を剽竊したのである。」という場所です。それに次いで、今度は、そのイメージを胸の中にはぐくんだ結果「あなたの個性であり、同時に或る流派の骨法でもある」ような「格調ある筆触を以て描かれた縞」を見出だしたという地点にわれわれは導かれます。そしてこの地点は、明らかにその前の「剽竊」の地点とはあべこべの場所です。そして結論は、その影像が「伝統的なもの」であると、時に「個性的なるもの」であるという地点です。つまり第一の立場を通って、それとは反対の第二の立場が提示され、それが筆者の結論であるということになります。

停止して全体を展望してみましょう。そうすると、「一つの影像」をめぐって、それが、伝統の剽竊となる場合と、そうならない場合とが対照的に記されていることがわかります。筆者は恐らく、画家について語っているのだということも想像されます。ある画家に、ある時ふと浮んだ「一つの影像」も、もしそれを、先人の既に描いたものとしてすててしまうと、それはそれだけで終ってしまいます。先人の影響についての、こういう潔癖さからは、実は何一つ生まれてはこないというのです。このことは、われわれの「学ぶ」ということばが「まねぶ」と同義であること、すなわち日本語では、「学ぶ」とは「まねをする」ことであるという事実を考え併せたりすると、面白いと思います。そこで、今度は、その影像が生き生きと心に浮んだものである以上、これを捨てずに、じっと胸にいだき続けるのです。そうすると、それが次第にその本質を明らかにしはじめ、ついで、その影像を成り立たせている「格調ある筆触を以て描かれた縞」が見えてくるようになります。その時、その影像は、たしかに伝統に発しているものであるにもかかわらず、正しくある画家自身の個性の創造といっていいものになっていることに気づくはずだというのです。創造というものが、伝統に根ざしつつ、伝統をこえるところに成り立つ事情を、一つの比喩《ひゆ》を通じて物語ったのがこの文章だと断定していいと思います。われわれがこういう展望を持ったとき、われわれは、この問題文を、全体として理解し得たと考えていいわけです。設問はそこから、自然に解決されてくるはずです。

問一(イ)「その影像を点検して見ると」以下の部分の言いかえですから、矛盾しません。(ロ)も矛盾しません。(ハ)は、(ロ)と同じようなことを言っているのですが、その言い方は、筆者の否定している過度な「潔癖さ」をあらわしています。その点でいけません。伝統を単に個性を圧倒する力と見る時、伝統は拒否すべきものとならざるを得ません。そう見ると、(ニ)は本文の論旨と合いません。伝統に圧倒されたものは、伝統を越えることができないのは当然です。しかし、設問は「圧倒する力さえ持っている」といういい方をしています。これを「圧倒する力を発揮する場合さえある」という風に受けとれば、必ずしも本文と矛盾はいたしません。しかし、筆者は、「此の縞の筆触こそあなたの個性であり、同時に或る流派の骨法でもある」という形で、伝統のあるべき姿を言っております。伝統と個性の調和・融合において創造を見ようとする立場です。そういう立場から見ると、伝統の強い力を言うにしても「之(個性)を圧倒する力さえ持っている」という言い方は、どうも筆者のものではなさそうです。私は×をつけます。(ホ)は、ピントが狂っていて、本文の論旨と比較しようにも、比較の仕様がありません。

問二の(1)は、よろしい。(2)もよろしい。(3)は、矛盾はしないが半面だけを言っていて不十分です。(4)はよろしい。(5)は「個性」を受けているのだから正しくありません。

3 停止――今、自分はどこにいるか――

私は、私の方法「たった一つのこと」を、かなりくわしく述べてきました。追跡という方法は、すでに記したとおり、出発・追跡・停止の三つの部分から成り立つものです。出発点の自覚――自分はどこから歩きはじめようとするか――ということは、追跡と合わせて、解説いたしました。「どこからどこへ」が、その場合のわれわれの態度でした。停止の場合を切りはなして、ここに新しい項目として述べるのは、一つの便宜にすぎません。これも先に述べておいたことです。停止は、追跡の到達点において立ち止まり、前後左右を展望し、追跡の経路を回想し、すでに終った追跡の全体に関して、その意味を明らかにするところに目的があります。すなわち、「今、自分はどこにいるか」がわれわれの停止して把握すべき最大の目標なのです。追跡の経路が東に西にと曲りくねったものである場合や、追跡が同一平面における迂回《うかい》であるような場合には、とくにこの点の明瞭な意識が必要です。具体的な問題に関して、これらの諸点を明らかにしてゆくことにしましょう。

【一二】左の文B、Cは、本来一つづきの文章であったものを、かりに二段に区切って番号をつけたものである。しかしその本来の文章においては、Bの前に更にもう一段Aがあったが、それがここでは省略されている。さて、B、Cを読んで以下の各問に答えよ。

A　(省略)

B　しかしそれとは全く異った、知識に対する第二の考え方がある。知識は知識そのものを目的としているのではなくてわれわれに事物を支配させる手段であるというのである。「力のための知」、これがこの考え方に与えられたモットーである。この考え方もやはり知識を進歩と見ているが、その進歩は内面的な完成ではなくて外界の事物に対するわれわれの力の拡張である。この型の知識が前の型の知識にくらべて限りなく優れている点は、その進歩が個人から離れることができるために個人とともには消えないことである。現に、技術的な手法の発見は言葉となって確定し、更には物質的な器具となって残るからである。そういう発見はつぎつぎと加わっていって、前の発見は後の発見の条件となるので、その進歩は集団的進歩、人類の進歩となる。

してみると、この二つの型の知識の間には深い対立がある。第一の知識はわれわれの奥にある目的にかかわり、第二の知識はわれわれの行動の手段にかかわるものである。また第一の知識はわれわれというもの、われわれの自我の運命に及び、第二の知識はわれわれが獲得するものに及んでいるがその獲得の目的は決して定まってはいない。

C　哲学というものは、全体としてこの二つの型の知識の間に均衡を保ち、その第一の型だけが第二の型に意味を与えることができるということを示すための驚くべき努力である。哲学は、精神が技術の型にはまった習慣の中に滑りこむまいとする不断の抗議である。

問一　最初に省略されている一段Aは、何について書いてあったか。推定して十字以内で記せ。

問二　次の六つの文（符号(イ)、(ロ)、(ハ)、(ニ)、(ホ)、(ヘ)）における知識の意味は、本文（B、C）にいう「第一の知識」、「第二の知識」の中いずれに該当するか。いずれか一方だけに該当するものをぬき出し、所定欄にその文の符号を列挙せよ。

(イ)　知識はわれわれの内的な完成を進める。

(ロ)　知識の進歩は個人から離れることができない。

(ハ)　知識は進歩するものである。

(ニ)　知識は事物を獲得するその目的にはかかわらない。

(ホ)　知識は、精神が技術の型にはまった習慣の中に滑りこむまいとする不断の抗議である。

(ヘ)　知識の進歩は技術的な発見の不断の増加にある。　　（大阪大学）

この問題の著しい特質は、出発点が省略されていることです。だからわれわれは、追跡をはじめるのに、最初から一つの困難にぶつかるわけです。追跡すべき当の対象を、はじめから見うしなったようなぐあいです。きょろきょろ見まわしていると、はるか向うに、ちらっとその姿が見えます。われわれは、そこから追跡をはじめるより仕方がありません。出発点を欠いた追跡ですから、出発点を暗示するような場面にぶつかったら、それらは細心に記憶されなければなりません。その点に特に気をくばりながら、中途からの追跡をはじめることにしましょう。

「しかしそれとは全く異った、知識に対する第二の考え方がある。」最初に出会うこういうことばから、まず二つの点が明らかになります。一は省略されたAにおける知識観は、「第一の考え方」と呼ばれるものであること、二は、「第一の考え方」と「第二の考え方」とは「全く異った」ものであること。

「知識は知識そのものを目的としているのではなくてわれわれに事物を支配させる手段であるというのである。」次に記されたこのことばから、われわれは、既に考えてきた問題【一九】中の「科学のための科学」と「人生のための科学」という対照的な科学観を自然に連想します。この連想が全然浮んでこないとしたら、それは目覚めた意識で読まなかった証拠です。そういう読者はもう一度初から読み直す必要があります。今、問題は知識に関する考え方についてです。「知識そのものを目的としている知識」、と「事物を支配させる手段としての知識」、そのうちの後者が「第二の考え方」だと記されているのです。続いて、この「第二の考え方」のモットーは「力のための知」であると規定されます。それはちょうど、先に、「純粋思惟としての科学」に対して「力としての科学」が考えられた事情と全く一致することを連想させます。

させてそれに続くセンテンスは、なかなか重要な意味を持つもののようです。

「この考え方もやはり知識を進歩と見ているが、その進歩は内面的な完成ではなくて外界の事物に対するわれわれの力の拡張である。」

ここに明らかなことは、まず、「第一の考え方」も「第二の考え方」も、ともに「知識を進歩と見ている」こと、しかし、その「進歩」の内容は、前者の場合は「内的な完成」に近づくこと、いいかえると、知識が知識そのものとして、次第に完全なものに近づいてゆくことを意味しますが、後者の場合は、「外界の事物に対するわれわれの力の拡張」を意味するというのです。人間の自然に対する知識の進歩が次々に大きな成果をあげつつあることは、周知の通りです。そして現在はいわゆる宇宙時代です。考えも及ばなかった宇宙旅行もけっして夢ではなくなりつつあります。そういう、第二の型の知識の第一の型の知識に対する優位を述べたのが、それに続く部分です。ここまでくれば第二の型の知識の典型が、自然科学、殊に自然利用の技術としてのそれであることはもう明らかです。それらの知識は、「言葉となって確定し」、「器具となって残る」ので、常に「前の発見は後の発見の条件となる」ことができ、そこに不断の「集団的進歩」を生ずることができる点に、非常に優れた点を持つと記されます。そこで段落が変わります。そして、さらに二つの型の知識が対比的に考察されます。

第一の知識は「われわれの奥にある目的にかかわり」「われわれの自我の運命に及ぶ」のに対して、第二の知識は「われわれの行動の手段にかかわり」「われわれが獲得するものに及ぶ」というのです。この対比をよく頭にたたみこんだ上で、Cの部分に追跡の歩を移してゆきましょう。Cで言われていることは、「哲学というもの」の役割です。それ自身では対立し矛盾するこの二つの型の知識に「均衡」を与えるのが「哲学」だというのです。第二の行動の手段としての知識に、「意味」を与え「目的」を与えることのできるのは第一の知識であることを教え、したがって、第二の知識に縛られるとき人間精神の陥りがちな「技術の型」から、人間精神を救い出し、精神に、その本来の働きである「目的」や「運命」を考える機能を失わないようにするところに、哲学の意味があるというのが、Cにおける主張です。ここでわれわれの中途からの追跡は終ります。今は停止して、静かに、前後を見渡し、自分は今どこにいるかを反省すべき時です。ことに、出発点が明示されていない今は、それが特に必要になるわけです。今、停止して、われわれの中途からの追跡をふりかえってみますと、ここで述べられている論旨の骨組みは、次のようなものであることがわかります。われわれは今、「哲学」の場に立っているのです。

① 第一の知識は、目的、運命にかかわる。
② 第二の知識は、行動、獲得物にかかわる。
③ 哲学はこの両者に均衡を与える。

この骨組みに対して、重要な肉附けとなっているものは、第二の知識の優位ということです。第二の知識は、集団的進歩を続ける点において、非常な優位に立つということです。だから人々は、知識というとかく第二の知識だけを考えがちであるということになるわけです。そこで、哲学がこの二つの知識を調和させる場合、哲学は、主として、見落されがちな第一の知識の働きの重要さを強調することになります。第二の知識に目的と意味を与えるものこそ第一の知識である、というのが、哲学の教訓となるわけです。先にも少しふれましたが、今日、科学の進歩と人類の運命とは、鋭い対立を示しております。原子力の研究は、それを無制限にし進めてゆく時、人類を滅亡に追いこむ恐ろしい力を発揮することになるという不安が、全世界の知識人の頭に生まれています。そこから、人間はあらゆる科学の主人であるべきである、とか、科学者は科学者である前に人間であるべきであるとか、良識による科学の制限とか、さまざまな意見が叫ばれております。それらは等しく、一つの方向を指し示しております。この問題文に即していえば、「第一の知識の回復」の主張であると言っていいわけです。われわれは今、そこに立っているのです。停止して展望するわれわれの視野には、こういういろいろな事実や風景が浮んできます。それらに十分の考慮をはらいつつ、今やわれわれは、出発点の欠如をおぎない、完成された全文にもとづく様々な設問に答えることの出来る展望を、心の中に樹立し得たように感じます。設問にとりかかりましょう。

問一は、「十字以内」という制約がかえってわれわれの思考を楽にしてくれています。「知のための知」とか「自己目的としての知識」とかいうことばがすぐ浮んできます。

問二は、「いずれか一方だけに該当するものをぬき出し」という注文を正しく受けとりさえすれば、もう誤ることはないでしょう。(イ)は、明らかに第一の知識に該当します。(ロ)も、(イ)と同じ第一のものを物語るものであることは、第二の型に関して、「その進歩が個人から離れることができる」とあるのに徴して疑問はありません。(ハ)は、これはこの場合の注文にはあてははまりません。それは第一、第二に通じて言われることだからです。㈡は、第二です。㈭は、一番解決のむつかしい問題だと思いますが、ここに述べられているのは、「哲学」の任務に関することばであることは明らかです。そして、この文章では、哲学は、第一、第二の知識の調停者として考えられています。調停者は、第一であっても第二であっても困ります。たとえ哲学が、落目に立つ第一のために強くその意味を主張しているにしても、その立場は、明らかに第三の立場です。ですから、これも、第一、第二のいずれにも該当しないと見るべきでしょう。㈬は、明らかに第二です。これで解決いたしました。

【三三】 次の文を読んで、後に示された短文のうち、この文の要旨にかなっているものを選び、○をつけよ。（答は一つとは限らない。）

ある一つの芸術作品が永遠性を持つというのは、すでに作られたものが、ある個人的観念を離れてしまって、無始の太元から存在していて、今後無限に存在するとしか思えないような特質をもっていることを意味する。芸術における永遠とは感覚であって、時間ではない。一つの芸術作品のもつ永遠性とは、その作品の力が内具する永遠的なるものの即刻即時における被享受性であって、決して永遠時の予約や予期ではない。その不滅とは不滅を感ぜしめる力であって、決して不滅という事実の予定認識ではない。持続を瞬間に煮つめた、いわば無の時間における無限持続の感覚なのである。明日焼きすてられる事の決定している作品にも我々は永遠を感じることができるであろうし、あると思えばあり、無いといえば無いような、あるかなきかの感動を歌った詩歌にも我々は永遠を感じる。前者は物質上、後者は内容上に永遠を拒否している場合である。それ故芸術が永遠を欲するのは長命を欲するのではなくて、性格を欲するのである。永遠の時間性はまた空間性に変貌して高度な普遍性につながる。この普遍性はいわゆる通俗性とは別のもので、人間精神の地下水的意味における遍漫疏通の強力な照応であって、これなくしては芸術の人類性が成立しない。芸術上の大をもたない作品は特種の美として存在するが、かくの如き悠久にして普遍の感をもたない。

（高村光太郎「美について」）

1　夢殿の観世音像はだれかが作ったという感じを失ってしまって、まるで天地とともにすでにあったような感じがする。そして天地とともに悠久であるように思われる。これはこの彫刻の永遠性をもつことを証明する。

2　法隆寺金堂の壁画は毎日毎夜崩壊をつづけている。エジプトの古彫刻もたかが五十世紀の年月にすぎず、芸術の不朽不滅などということは、あわれな形容詞にすぎない。

3　芸術の永遠性はそれの内容や材料によるのであって、それが長命な性質であれば、やはりそれだけ永遠なのである。金属で作られたものは、木で作られたものより永遠的である。

4　芸術にして太陽が霜をとかすように人心の内部にしみ入るのは、人間精神の底にひそむ悠久にして普遍の感があるからであって、これが芸術の人類性となるのである。

5　こった味にたよった微妙幽遠なもので、個人的な、また一民族的な芸術作品は、その中に世界をつらぬく一本の軸のようなものがなくても、人類一般のよき糧《かて》となるような性能の芸術と同様普遍的な性格をもっている。

6　芸術の永遠性とか不滅とかは、その芸術の性格をいうのであって、永遠につづくということを事実として期待することとはちがう。ある芸術が直感的に不滅だという力を感ぜしめる場合、それを不滅なるものとか永遠性をもつとかいうのである。　（東京教育大学）

もう一つ、特に「停止」に重要な意味がある場合をあげておきます。この問題の場合は、「追跡」が、常に一定の地点においてなされます。それは「停止」における「追跡」といっていいでしょう。こういう種類の場合は、「追跡」しようとして、あまり動きまわってはいけません。むしろじっと「停止」し、「停止」したままで、各瞬間ごとに、「今自分はどこにいる」と問いつづけなくてはいけません。それはエレベィタアに乗っている場合を連想させます。そしてこういう問題は、けっして少くないのです。特に、文の最初のセンテンスに、全文の主題が明示されている場合がそれです。このことはしっかり頭に納めておいて下さい。なお、この問題では、筆者が彫刻家兼詩人高村光太郎であることが付記されています。それが幾分かは問題解決に役立つという配慮からと見ていいのですが、その配慮を生かし得るかどうかは、あなた方次第であることを付記しておきます。

この問題の場合も、最初のセンテンスは重要な意味を持っています。そこでわれわれは、「芸術作品の永遠性」について告げられます。作品が、「ある個人的観念を離れてしまって、無始の太元から存在していて、今後無限に存在するとしか思えないような特質をもっていること」が、つまり「芸術の永遠性」なのだと筆者はわれわれに告げます。ここで特に気になるのは——それが気にならないのでは困ります——「……としか思えないような特質」ということばです。「としか思えないような特質」とは何か。少なくともそれは「と断定できる特質」とは違うことは明らかでしょう。それなら、無始の大昔から無限の未来にわたって、たしかに存在すると「断定できるもの」といったら何でしょうか。例えば二つに三つを加えると五つになるという数学上の命題がここにあります。これはまことに単純な命題ですが、この命題の正しさは、昔も今も、そして未来のいつにおいても変わることはないはずです。われわれはこの命題を、永遠に真実なものとして、言いかえると「時間を超越したもの」として考えております。「永遠」とは本来そういう意味です。だから筆者は、そういうものを一方に思い浮かべつつ、「作品の永遠性」に関して「……としか思えないような特質」と言っているのだということが考えられれば、出発点ははっきりうち立てられたことになるはずです。そこから追跡を始めることになります。そうすると、その次に「芸術における永遠とは感覚であって、時間ではない。」ということばに出会います。「永遠」というもともと「時間」的な概念を、筆者はここで明白に、「時間ではない」それは「感覚」だと断定しています。そうすると、「無始の太元から存在していて、今後無限に存在するとしか思えないような特質」とは、一つの「感覚」であることがはっきりしてまいります。しかし、それがはっきりしたからといって、われわれは、われわれの出発点から一歩も歩いたわけではありません。むしろ、出発点において立った地点が、幾分かはっきりした、深まったというだけです。続いて次のセンテンスを読みますと、その「感覚」というのは、「永遠的なるものの即刻即時における被享受性であって、決して永遠時の予約や予期ではない」という記述が来ます。「永遠的なるものの即刻即時における被享受性」ということばは、ややわかりにくいかも知れませんが、手がつかないほどのものではないはずです。ある作品——一枚の絵なら絵を前にした瞬間、何のためらいもなく、この作品は実にすばらしい、この作品の生命は不滅だという感銘を受けたとします。その感銘を、その絵を見る人間の場から見られる絵の立場にうつして言いかえると、その一枚の絵は、その絵をながめる人に、瞬間的に、永遠の生命を感じさせる力を持っているということになります。その絵をながめた瞬間に、見るものにこれはすばらしい、この絵の生命は永遠であると思わせるもの、それがつまりその絵の「内具する永遠的なるものの即刻即時における被享受性」なのです。先にも記しましたが、抽象的な表現は、具体的な内容を与えることによってはじめて理解できるものです。そして具体的な内容を与える源は、読者の経験であり、自分の経験の中から上手にある経験を浮かび上がらせるのは、読者の想像力です。そして、そういう読解力としての想像力を養うために一番必要なものは、生々とした問題意識なのです。さて、ここまでたどってきて、依然として変わらないことは、われわれが、未だに出発点から一歩も動いていないということです。われわれの「追跡」は、未だ「停止」においてなされていることです。その次のセンテンスもまた、同一の論旨のくりかえしです。「不滅とは不滅を感ぜしめる力」であるというのは「永遠的なるものの被享受性」と全く同じ意味です。そしてそのことは、さらにことばをかえて、「無の時間における無限持続の感覚」と解説されてゆきます。「我をわすれて、うっとりと一枚の絵の前に立ち、その絵の生命の不滅をはっきり感じとった」場合を意味するこのことばも、それによって指さされる事実にはかわりはありません。それに続く、「明日焼きすてられる事の決定している作品」の場合や、「あるかなきかの感動を歌った詩歌」の場合にも、「永遠を感じる」というのは、いうまでもなく、「その不滅とは不滅を感ぜしめる力」であるという事実を明らかにするための、比喩であるにすぎません。われわれはまだ、出発点から一歩も外には歩いていないのです。しかし、「芸術が永遠を欲するのは長命を欲するのではなくて、性格を欲するのである。」というところまで、じっと停止し続けたわれわれも、次の「永遠の時間性はまた空間性に変貌して高度な普遍性につながる。」ということばで、少し、ほんの二三歩、足を動かさなくてはなりません。ここで、今までの芸術の永遠性とは、「不滅を感ぜしめる力」、そういう一つの「性格」だという主張から、そういう「性格」とは、「高度の普遍性」であるという、幾分新しい主張がつけ加えられます。「高度の普遍性」とは、誰が見ても、どこで見ても、すぐれた芸術の生命は、すぐれた生命として受取られずにはいないということです。誰の目にもよしと映る性格は、しかし、通俗性ではないという注意が次に記されます。普遍性というのは、正しいとか美しいとか真実であるとかいうことです。二に二を加えると四になるという命題は、完全な普遍性を持つというような場合に使われます。これに反して、通俗性というのは、一般の人々にわかりやすいとか、大衆に人気があるとかいう意味のことばです。幾分似かよったことばですが、本質は全くちがうことばです。普遍性を持った作品というのは、傑作のことです。通俗性を持った作品というのは、人気のある作品、ベストセラー、流行作家の通俗的作品ということです。ベストセラーは、けっしてそれだけで傑作の条件を備えるものでないことは、言うまでもありません。筆者は、芸術の普遍性に問題を移行させて、それを「人間精神の地下水的意味における遍漫疎通の強力な照応」であるといいます。むつかしいことばですが、人間であるかぎり誰の心の底にも流れている感覚を呼びさますものだというのです。そして最後に、「かくの如き悠久(時間的)にして普遍(空間的)の感をもたない」ものは、大芸術ではないと結んでいます。くりかえしますが「永遠の時間性はまた空間性に変貌して高度な普遍性につながる」のあたりから、論旨はわずかに展開を示しますが、それとても、同一の主題をはなれるわけではありません。主題はあくまで「芸術の永遠性」についてでした。したがってわれわれは、「停止」しつつ「追跡」を続けたわけです。「出発」の地点が、ほとんど移動することなく、そのままに、一段二段と深められていっているのが、この問題の場合でした。静かに足もとをながめ、「今自分はどこにいるか」をしっかりとつかむ必要がある場合の例としていいと思います。ここで設問にとりかかりましょう。

1は問題なく論旨にかないます。2は、筆者がくりかえし説いている「芸術の永遠性」の解説のちょうどあべこべの立場です。3も2と本質的に同じです。4はよろしい。5は終りの部分と矛盾します。6は、筆者の主張の正確な要約です。以上、もう設問に関しては余り言う必要を感じません。そうだとしたら、われわれの本文理解は、正しかったということになるわけです。もうそろそろ、ある程度の自信が持てていいはずです。この問題の設問などは、やさしいという風に感じませんか。もしそう感じたら、それは、諸君に力の加わった、喜ばしい徴候なのです。

【二三】ここに茶道の性格を次の六つ(イ)〜(ヘ)に分けて考える見解がある。

(イ)不均斉　(ロ)簡素　(ハ)枯高　(ニ)自然　(ホ)幽玄　(ヘ)脱俗

さて、次にあげた六つの文(1)〜(6)は、これらの一つ一つについて解説しているものの中から、その一部分を、右の順序にかかわらずとったものである。それぞれは右の六つの性格のうちのどれを解説しているものであるかを示せ。

(1)　世間の心を捨てて清浄《しょうじょう》な世界に入ることである。露路《ろじ》を通って茶席に入るのは、これをえるための一つの方法である。手を洗い、口をすすぐのも、心頭をきよめることにならなければならない。しかしこれはこの茶席だけのことであってはならず、その心でまた世間に出て働くのでなければならない。

(2)　感覚的なものすべてが取去られているということである。なまなましくないことであるともいえる。また、たけている、ふけている、さびていることであるともいえる。ここに気高《けだか》さが生まれてくる。茶道の道具に時代を経たものが好まれるのも、この性格によるのである。

(3) 名工の作った茶碗《ちゃわん》は不均斉であって、しかもその作意を感ぜしめない。このごろのものはわざとらしさの加わった感じのするものが多い。さびたのはよいが、さびさせたのはいけない。「思はじと思ふものを思ふなり思はじとだに思はじや君」という歌がよくこの性格を教えている。

(4) 完全に至る過程ではなくて、むしろ完全を通り越したもの、いわば完全の否定から生ずるものである。こどもの描く円は完全に至る過程のものであるが、すぐれた画家の描く円は、幾何学的な完全を超越したものである。茶道ではゆがんだ茶碗の方がむしろ好まれるのもこの故である。

(5) 西洋人にはよくわからないようだ。たとえばタウトにしても、伊勢神宮の建築と桂《かつら》離宮の茶室とを同じようにこの性格によって片づけているが、両者には質的に大きな相違がある。前者はいわば文化の出発点にとどまるものであり、後者は文化の長い道程を経て複雑さを通り越して到達したものである。

(6) うちに深いものを蔵して、しかもそれを表面には表わさないのである。ちょうどいぶし銀のように、表面のつやは消えているが底知れぬ深みをもち、そこに限りなく豊かな余情をたたえている。ここには一種の暗さがあるが、それはしっとりと落着いたところから来るものなのである。

(東京大学)

この問題においては、あらかじめ六つの立場が示されて、そこに立って、それぞれの立場の解説を見分けることが求められております。方法は、二つしかありません。例えば「不均斉」という立場に「停止」して、(1)〜(6)までの解説文中から自己と本質を同じくする表現を見つけるか、逆に例えば(1)をよく読んで、(1)にしっかり「停止」し、その足もとを見つめることによって、それが(イ)〜(ヘ)のどの立場の解説であるかを見分けるか、のどちらかです。そしてそれはどちらでもいいわけですが、一般に、具体的なものから抽象的なものへという方法の方が、まちがいがありません。その方が、われわれの知識の成立の過程と一致するからだと思います。ここでも、(1)〜(6)にもとづいて、(イ)〜(ヘ)を判別してゆくことにします。

(1)を読んで、そこに静かに停止して、自分は今どこにいるかをたしかめてみますと、われわれは今、手を洗い、口をすすぎ、露路を通って茶席に導かれたところです。われわれの心頭はきよめられ、「世間の心」は捨てられました。そこは、俗世を越えた「清浄な世界」なのです。そこに今われわれは身を置くことを求められています。そのことが明らかになった上で、(イ)〜(ヘ)までの茶道の性格を暗示することばをながめることにしましょう。(イ)、(ロ)、(ハ)、(ニ)、(ホ)とたどって、いずれも合致しません。そして「(ヘ)脱俗」にいたって、ようやく、今自分のいる立場に符合することばに出合います。明らかに(1)と(ヘ)は結びつくはずです。

次に(2)です。(2)を読む時には、(1)のことはすべて、頭から消し去ってかからなくてはいけません。(2)の解説は非常にはっきりしております。「感覚的なものの除去」「なまなましくない」

とばとしては「たけている」「ふけている」「さびている」「気高さ」――それらをひっくるめて内につつむことばとしては「(ハ)枯高」以外にないことは、見やすいことです。

(3)は、その中に「不均斉」ということばを含んでいるけれども、静かにそこに「停止」して考えれば、「わざとらしさ」の否定が一文の主旨であることに気づくはずです。そこにあげられた「ものを思うまいと思うのも、やはり思うのである。思うまいとさえ思うな」という意味の引用歌にもそのことはよくあらわれています。するとこの立場に合致するものは、(イ)ではなく、「(ニ)自然」ということにならなければなりません。

(4)では、「完全の否定」が言われています。「こどもの描く円」と「すぐれた画家の描く円」の比喩は、われわれに茶道の目ざす境地をはっきり物語るはずです。「茶道ではゆがんだ茶碗の方がむしろ好まれる」理由も、よくわかります。疑問の余地はなく、これは、「(イ)不均斉」を解説したものです。

(5)は、「伊勢神宮の建築」と「桂離宮の茶室」とに、ある意味で共通する性格を言ったものであることがわかります。しかし、本当は、前者は「文化の出発点」、後者は「文化の到達点」だと記されています。「複雑さを通り越して」とあることばが、われわれの理解を助けてくれます。伊勢神宮の建築は、未だ複雑にまで到達しないもの、そして桂離宮の茶室は、すでに複雑さを通過したもの、そういう両者に共通して考えられるものとして、「(ロ)簡素」しかありません。

(6)は、当然「(ホ)幽玄」に対応するはずです。「うちに深いものを蔵して」「表面のつやは消え」「余情をたたえて」「しっとりした暗さがあり」……たしかに「幽玄」の文字通りの解説にちがいありません。これで、そんなに苦労せずに片づけることができました。

【二四】 次の文章は、一つの文章を五分し、その順序を前後してＡＢＣＤＥの符号をつけたものである。これを、もとの文章にするには、どのような順序にすれば良いか。正しいと思う配列の順序を、符号によって記入して示せ。

Ａ　端的にいえば、幸福はいわゆる快楽に背いて、かえってそれの超越において求められねばならぬこととなります。

Ｂ　したがって、衝動的な快楽の欲求を高尚な精神的欲求に従属させることが必要になりますから、幸福へ至る近道はいわゆる快楽への衝動を抑制すると共に、何人の生涯をも脅かすさまざまな不幸に動じない精神を涵養するに在ります。

Ｃ　快楽はいつも苦痛と結びついているもので、純粋な快楽というものはありません。言わば苦痛の代償なしには快楽はえられないのであります。食欲の快楽にはお腹のすいていることが必要であり、休養を楽しむには先ず働かねばならない。純粋な快楽というものはなく、それは苦痛との関係において成り立つものですから、快楽を追求すると快楽でなくなってしまいます。

Ｄ　かくして、快楽論者といわれる哲学者の抱いた賢者の理想が外部から累《わずらわ》されざる、静かな快楽とならざるをえなかったわけであります。

E　又、一時的快感では幸福とはいえず、幸福といわれるのには少くとも永続的で全生涯を通じて在るような静かな種類のものでなければならない。そうすると、重点は身体的快楽にではなくして、精神的快楽に在ることとならざるをえません。（弘前大学）

「追跡」が、普通の形で出来ないこの問題――いわゆる整序問題も、「停止」することに特別な意味が見られていい場合です。追跡の出発点というよりは、基礎になる一つの立場を発見することが、何よりも大切な場合です。その基礎にしっかりと足をすえて、その前後を見渡すことによって、解決に導くのが、この種の問題に処する一般の態度と言ってさしつかえありません。

そういう意味で、今、五つに区切られた文をながめます。意味の上からはもちろんですが、その他の点でも、手がかりとなるものはけっして見落してはいけません。A～Eまでを見渡して一つ気づくことは、C以外のすべてが、前に一定の記述を予想させるようなことば「端的にいえば」「したがって」「かくして」「又」等のことばをもってはじまっている点です。もっとも「端的にいえば」を、全文の冒頭におく場合も入試問題の場合はないわけではありません。しかし、それは特殊な場合です。それに、Aの場合は、「求められねばならぬこととなります。」というところで、やはり、その前に何かが言われているはずであることが明らかです。

そうすると、この場合、一文の冒頭にくるのはC以外にないはずです。意味の上から言っても、これが一番まとまった意味を持っております。そこで、まずCに全文を組み立てる基盤を置くことにします。この問題では、基盤はたまたま全文の最初に位置するものですが、それがいつも出発点を指すとは限りません。逆に、到達点に立って、そこから次々に、逆行してゆくというのが好都合である場合もあり得ます。

Cに停止し、Cの記述をしっかり把握することから、追跡をはじめよう——これでわれわれの態度はきまったわけです。そうすると、Cにおいて筆者は、「快楽はいつも苦痛と結びついている」ということを、いろいろに説明していることがわかります。「純粋な快楽というものはなく」「快楽を追求すると快楽でなくなってしまいます。」等は、いずれも、快楽が苦痛との相関関係においてはじめて成り立つものであるという一つの事実の解説です。快楽のこの性格は、一般に「快楽主義的逆説」と呼ばれます。ついでにおぼえておいて下さい。そこから追跡をはじめます。Cに自然につながり得るものを求めてゆくことにします。Aはどうか。Cの主張を要約したものとして、見当ちがいとは言えませんが、一つ重要な難点となるのは、Aに「幸福」ということばのあることです。Cには未だ「幸福」という概念は出ておりません。Bは、「……精神的欲求に従属させることが必要になる」ということが、自然に考えられるような前提を予想しなくてはなりません。「したがって、」ということばがそのことをわれわれに告げます。ところが、そういう前提に当たるものはCには見当たりません。Dは、快楽論者の求める快楽が、「外部から累されざる、静かな快楽とならざるをえなかった」という事実が、「かくして」という接続詞をもってつながるものであることを示しています。そして、これなら、Cとうまくつながることがわかります。念のためEも考えてみますと、Eの場合は、Cとは直接にはつながりません。「又」ということばに十分な注意をはらっても、やはりCとEの間にはすき間が感じられます。その辺までたどってきますと、CとEのすき間には、ちょうどDがうまくはまるということに気づきます。あとはもう楽です。EにはBが続き、最後にAが、全文をしめくくるものとして役立ってきます。これで一応片づきましたが、くりかえして、CからAまでを、順序に、落ちついて読んでみることにしましょう。論理の感覚を十分に働かせつつ通読して、何の不都合もなければ、それで完了です。

第四章　適用

――「たった一つのこと」の――

1　何をきかれているか

方法——「たった一つのこと」は、既によくおわかりになったことと思います。今はその適用を試みるべき時です。方法が、方法として意味を持つのは、主として適用の場面において有効であるからです。方法のための方法は、現在のわれわれの立場ではありません。私がここに「適用」の一章をもうけ、「適用」の前に、「何をきかれているか」、「どう答えるか」の二項目を附け加えたのも、われわれの当面の課題が、入試現代文の読解にあるからです。「たった一つのこと」を体得することは、やがて入試現代文のすべてに対して、一つの確固たる態度を内面にうち立てることです。ゆるがざる自信を持って問題に立ちむかうものは既に勝ったものです。「追跡」という「たった一つのこと」を本当に把握した上で、以下の具体的な諸点に注目してほしいものです。

諸君は、いうまでもなく入試を受けようとする方々です。そういう諸君が、そのためにいろいろな制約を受け、苦しい努力を続けていることはもとより否定できません。しかし、入試を実施する側にとっても、これはなかなかやっかいな骨の折れる仕事なのです。諸君は出題者の立場を考えたことがありますか。いついかなる場合にも、諸君の人間的関心は広いほど、深いほどよいのです。出題者の受けている制約の第一は、彼が受験生の判断力と知識とを判定する必要に迫られていることです。第二に彼は、その必要を高校卒業程度という特定のグレードに立って果さなくてはなりません。第三に彼は、その必要を限られた短い期間内において果さなければなりません。以上は出題者の立場を制約する三つの根本的な条件です。そこから、出題者のさまざまな工夫が生み出されてくることになります。そして、その工夫が、問題文の選択、設問の仕方を決定することとなるわけです。だから、問題文を前にして出題者の種々な工夫をはっきり洞察できたとすれば、そこにすでに、問題克服の基礎が置かれたことになると言っても言いすぎではありません。設問を再読、三読する必要のあるゆえんです。諸君は、出題者が、どんなに苦心しているかを、設問の仕方の中に読み取る余裕を持たなくてはなりません。そういう思慮が働くとき、諸君の答案はおのずから設問のまとに当たり、簡明正確なものとなるにちがいありません。分秒をおしんで、つかれた目で答案を読み続ける出題者を思い浮べたら、読みにくい文字は書けないはずではありませんか。

【二五】 次の文章を読んで、後の問に答えなさい。

ちかごろになって、誰もがアブストラクトをいい、われわれは一歩あるけば抽象芸術にぶつかるようになった。いたるところに奇妙な形と平面的な原色がみちみちている。それは、合理主義の世界観や芸術観に根本的な反省が加えられた結果である。ラテン系の古典的人間の感情移入の美学は大いに揺らいでいるらしい。そして、日本の古い造型美術の抽象性が見直され、先端的な芸術家が埴輪や庭石や民芸品や書道などの手法をとり入れている。人間が主体である近世的ヒューマニズムは、その科学的法則性の故にかえって人間を束縛するものとなったから、これをはねのけて、もっと直接に世界と人間意識の中に身を投じよう、とする意欲のあらわれであろうと思われる。

問一　「感情移入」の意味として、左記のうち正しいと思うものの記号を○でかこみ、そうでないものを、同じく△でかこめ。

(イ)　古典的人間の感情を自分の中に移す。

(ロ)　相手の感情を自分の中に移す。

(ハ)　自分の感情を相手の中に移す。

問二　「意欲のあらわれ」とは、具体的にいって、左記の何をさすか。適当と思うものを□でかこみ、そうでないものを═で消せ。

抽象芸術　合理主義の芸術　古典的美学　埴輪や庭石

問三　次の考え方のうち、「これをはねのけて、もっと直接に世界と人間意識の中に身を投じよう」というような立場と、ほぼ一致するものをえらべ。（一致するものの記号を○でかこみ、そうでないものを同じく△でかこむこと）

(イ)　世界をもっとも根本的な要素に還元して、それの組み合せによって客観的法則をたて、それによって一切をわりきろうとする。
(ロ)　世界と人間の行動とは直接につながっているのではなく、その間に心があるが、われわれはその心の様態を知りたいと思う。
(ハ)　人間はかれに独自の心理環境をもっていて、これはかれが思いうかべる主観的現実によって構成されていると考えられる。
(ニ)　人間は外界によって機械的に決定されて行動するのでなく、外界について認知した事態に即して行動する。
(ホ)　歴史や社会はその根底をなす要素と想定される物質の法則の結果であり、この観点にのみ真実がある。
(ヘ)　印象主義の絵画は、世界をもっとも客観的に目に映じさせようとし、外光にのみ依存し、その光をプリズムの原色に分解し、その組み合せによって対象を再現させようとする。
(ト)　自然主義文学は、生理学をもって人生観照の立場とし、すべての真実を遺伝と環境から解明しようとする。　　　　　　(早稲田大学)

出発点は「一歩あるけば抽象芸術にぶつかるようになった」という現象です。追跡は、この現象をめぐり、この現象の由来と意味とを明らかにするための筆者の記述を追ってなされます。筆者はまず、「合理主義の世界観や芸術観に根本的な反省が加えられた結果である。」と、結論を先に述べます。「合理主義」が、近代精神の一基盤であったことは、先に「前提」の章で少しふれておきました。思い出してください。ついで筆者は、その「根本的な反省」が、どんなすじみちを通って、「抽象芸術」に到達するかを簡単に述べています。まず「ラテン系の古典的人間の感情移入の美学」の動揺という現象があげられます。このことは、それを本当に理解しようとしたら、なかなか面倒です。それは高校卒業程度というレベルには無理な注文です。だから、その点は、問一の立て方でやわらげられているのですが、今かんたんに言えば、ギリシア・ラテンの文化に根ざす、学問や理性を尊重する立場を、ここでは、「古典的人間の美学」と言っていると考えていいのです。これは「古典主義美学」といってもいいのです。そして、そういう伝統はヨーロッパにおいては、ルネサンスの運動によって新に大きな力となった事情はご承知の通りです。ルネサンスが「文芸復興」と呼ばれる理由がそこにあったのです。そしてその「ルネサンス」運動は、イタリアに誕生し、イタリアにおいて特に見事な開花を示しました。この文に「ラテン系」ということばが用いられているのはそのためです。さらにそういう古典主義美学と「感情移入」との関係をたどりますと、もともと「感情移入」というのは、リップスという美学者の唱えたもので、他人の表現のうちに、自己の感情を見いだすという人間の認識能力を指します。リップスは十九世紀半ばに生まれた人ですが、ヨーロッパにおける古典主義時代は十七・八世紀です。だからここでは、「感情移入」ということを、リップスから切りはなして、もっと広い意味に使っているわけです。古典主義の芸術が、人間の理性や感情にとって、自然そのものに近い、調和した、完結した姿を示していること、したがって人間は、そういう芸術に対する場合には、作品の中にたやすく自分の感情を移入し、そうすることによって作品の美しさを認識することができたこと等々の事情をこめて、感情移入の美学と言っているのです。だから、「古典的人間の感情移入の美学」ということは、「合理主義の芸術観」「近世的ヒューマニズム」などと、同じ立場を示すものとなるのです。追跡の途中で、わき道にそれましたが、この意味の「感情移入の美学」がゆらいだという現象から、次いで筆者は、「日本の古い造型美術の抽象性が見直され」てきたという現象を述べます。そして、この現象は、われわれの出発点と全く同じ地点であることを忘れてはいけません。ぐるっと一まわりして、またわれわれは出発点に立ったのです。そして「埴輪や庭石や民芸品や書道」などの見直されるようになった原因を、「近世的ヒューマニズム」が「その科学的法則性の故にかえって人間を束縛するものとなったから」だと言うのです。そして「もっと直接に世界と人間意識の中に身を投じよう、とする意欲のあらわれ」――これが、抽象芸術汎論の原因であるということばで、一文は結ばれてゆきます。この到達点に停止して、全体を展望すると、筆者の、必ずしも厳格なことばづかいをしていない文章から読みとられることは、現代における抽象芸術の流行は、合理主義的な立場を越えて、理性を媒介とせずに直接に人間と対象とを結びつけようとする意欲のあらわれである、ということです。

　このように読みとることの出来る問題文を選択して、さてそれに対する読解の度合いを、どのような形でたずねるか、そこに出題者の苦心が存するわけです。なるべく判別しやすい形で、しかも受験者の判断力の本質にふれたい――これが出題者に共通した願いです。その結果、ここでは、三つの設問が作られたわけです。**問一**の注文は「正しいと思うものの記号を○でかこみ、そうでないものを、同じく△でかこめ。」というのです。この設問形式は、答がその中にあるのですから、単に「感情移入」の意味を記せ、という形にくらべて、本質的にやさしくなります。そのかわり、答案の処理は非常に楽になるのです。**問一**についてはすぐに解説中で述べたことばで明らかなように、ここでは(ハ)だけが正しく、あとは二つとも誤りです。**問二**も、同様の配慮がはっきり見られる設問の立て方です。これは早稲田大学の問題ですが、何万というように集まってくる受験生を処理しなくてはならぬ大学の場合は、答案の処理が早くできるということが、問題作製上の不可欠の要件となることは、やむを得ないことなのです。ここに適当なものが、「抽象芸術」一つであることには疑問の余地はないはずです。**問三**に関しては、「ほぼ一致するものをえらべ。」という注文に、十分の注意をはらわなくてはいけません。「何をきかれているか」――この意識は、問題処理の始めから終りまで、瞬間もあいまいにしてはなりません。

(イ)は、「客観的法則をたて」というところが「これをはねのけて」という部分と矛盾します。(ロ)は、「その間に心があるが」というところが、「もっと直接に世界と人間意識の中に身を投じよう」というところと矛盾します。(ハ)は、「人間の主体」を解説したものとして、それが束縛されない状態を物語っている点で、「ほぼ一致する」ものと考えていいでしょう。(ニ)も「これをはねのけて」というのが、人間を縛る「法則性」に対する反撥《はんぱつ》を言っている点にほぼ一致します。(ホ)は、明らかに一致いたしません。(ヘ)は、印象主義を、客観主義、写実主義として見ています。これは明らかに、「もっと直接に」ではありません。(ト)は自然主義文学の解説としては正しいのですが、自然主義文学そのものが、注文の「これをはねのけて……」という立場――抽象芸術の立場とは一致いたしません。このあたり、よほどはっきり出題者の注文をのみこんでいないと、勘違いをおこすおそれがあると思います。「何をきかれているか」について、ちょっとでも意識がぼんやりした時、その時が、ポカッと失敗してしまう時なのです。

もう一つ、問題に当たってみましょう。

【三六】次のABを読んだ上で、後に示した表のなぞらえやおきかえは、文中の通し番号(1)〜(12)のどれに該当するか、答えよ。

A 「あいつは大変なドン・キホーテだからな」といっても、だれも「あいつ」がやせ馬にまたがったあわれな騎士のドン・キホーテその人だとは思わない。このように、「のような」とか「みたいな」とかいう、たとえをあらわすことばが出ていなくて、しかもたとえになっているばあいがある。こういうのを「なぞらえ」ということにする。なぞらえがなりたつためには、どこか似たところがなければならない。

「あいつドン・キホーテだ」

というばあいには、「あいつ」と呼ばれる人は、ドン・キホーテと同じように、空想家でむこう見ずでガムシャラであろう。
どんな点が似ているか、ということから、なぞらえを分類してみる。

- Ⅰ　もの→もの
  - a　性質が似ているもの
    - 1　形が似ているもの——通し番号(1)
    - 2　はたらきが似ているもの——同(2)
    - 3　ねうちが似ているもの——同(3)
  - b　位置が似ているもの——同(4)
  - c　性質・位置が似ているもの——同(5)
- Ⅱ　性質→性質——同(6)
- Ⅲ　位置→位置——同(7)

B　アダ名のつけかたを考えてみると、たとえば「たぬき」とは、色の黒い、目の大きなたぬきのような人だから、つまり、たぬきに似ているからできたアダ名である。これは(1)のなぞらえによるものである。ところが、「黒めがね」というのは、これとはちがったやり方でつけられている。たぬきに似た人間というのはあっても、黒めがねに似た人間というのはありえないであろう。「黒めがね」というのは、年がら年中黒めがねをかけているためにつけられたアダ名である。

　このように、あるものをこれと関係の深いものの名で呼ぶことを「おきかえ」ということにする。どうおきかえるかということから、おきかえを分類してみる。

Ⅰ　もの→もの
　1　もちもの→もちぬし——通し番号(8)
　2　部分→全体——同(9)
Ⅱ　こと→もの——同(10)
Ⅲ　位置→もの——同(11)
Ⅳ　もの→こと——同(12)

問題	解答
①道問えば一度に動く田植がさ	
②彼女は掃きだめにツルだね	
③だれが裏面で策動しているのか	
④てめえのようなお引きずりは離縁だ	
⑤山腹にドライブ・ウェーができた	
⑥それはあなたのおめがね違いです	
⑦うたた寝の顔へ一冊屋根にふき	
⑧本だなから背皮を一冊抜き出した	
⑨中間がどちらに投票するかによって当選者は決まる	
⑩盗品の山に、踏みこんだ警察官も驚いた	
⑪おれの目から見れば、あいつなどまだまだこどもさ	
⑫古典のにおいに接する	
⑬練習の結果だいぶ腕が上がった	
⑭かれはダブルをうまく着こなしている	
⑮かつて新聞記者は社会の木鐸（ぼくたく）をもって任じていた	

（徳島大学）

出題者の注文が非常に複雑なものの典型として、この問題をとりあげてみました。設問が複雑であるということは、受験者が、複雑な問題を如何に正しく処理できるかを、特に知ろうとする、出題者の意図を告げています。そこに要求せられるものは、整然たる思考と、整然たる処理能力です。こういう問題に直面したら、落ちついて、何をたずねられているかをしっかりと理解し、たずねられたことに過不足なく答えなければなりません。設問が複雑な形をしているものは、多く本質的にはさほどむつかしくないものです。それにもかかわらず、この種の問題は、如何にも本質的な難問であるように受け取られがちです。そう思わせる原因の一つは、試験場においては、解答のための時間が制限されていることに由来することはもちろんですが、それだけではなく、本質的なむつかしさというものがよくわかっていないことにもよると思います。

さてこの問題のAの部分は、一読してわかるように、筆者が「なぞらえ」と呼ぶ現象に関する分析的な説明です。それはくわしい図表として、われわれの前に示されています。ここで、この図表をよく理解するために、Aに例示された「あいつは大変なドン・キホーテだ」が、表のどの項目に当たるかをちょっと考えておくことにしましょう。「あいつ」と「ドン・キホーテ」とは、どこが似ているか。「同じように、空想家でむこう見ずでガムシャラ」なのです。そうすると、それは明らかに性質の類似であり、通し番号で言えば(6)に該当すると考えていいでしょう。

Bははじめの「たぬき」の例は別として、「おきかえ」の説明であることは明らかです。A

の場合と同様に、くわしい表示が付けられています。「黒めがね」というアダ名は、その表の通し番号(8)に当たることを考えておきましょう。

さて、これだけのことを根拠として、問に表示された十五例の性格を判別してゆくわけです。われわれの追跡は、実はここから始まるのです。そう考えると、一般の問題とちがい、まずその理解のための追跡を必要とするような、いわゆる本文は、この問題にはないわけです。風変りな問題と言えましょう。

①は、「田植がさ」で「田植をしている人」を指した場合です。明らかに「おきかえ」の場合です。「田植がさ」という「もちもの」を、「もちぬし」と「おきかえ」た場合ですから、通し番号で言え、という注文に従って解答欄に(8)と記入すればよいわけです。この程度の追跡は、それだけ切りはなして考えれば、けっしてむつかしくはないはずです。

②は、「彼女」の在り方が、「掃きだめにツル」だというのですから、明らかに「なぞらえ」です。「ツル」というなぞらえには、気品の高さを意味する働きもたしかに加わっておりますから、これは(4)よりも(3)が適当です。

③は「裏面」で「かくれた位置」を指したのですから「なぞらえ」であることは明らかです。それに、「裏面」ということばは、それ自身「表から見えない」という性格を物語るものと考えられますから、これは(5)がいいでしょう。

④は「お引きずり」で、「おひきずりの女」「だらしのない妻」を指した「なぞらえ」です。うっかりすると「おきかえ」と誤りそうですが、Bにも記されてあるように「おきかえ」の場

合は「あるものをこれと関係の深いものの名で呼ぶこと」です。「お引きずり」は「ものの名」ではありません。そこがはっきりすれば、(6)に該当することがわかります。

⑤は「山腹」が問題です。「腹」でふもとから頂上までのおよそまん中あたりを指したものです。山のその部分が、人間の身体でいうとちょうど腹のあたりだというわけです。関係の深い二つのものの間に「おきかえ」がなされた場合と考えられます。(11)が適当でしょう。(4)と考えることもできますが、「腹のような」というのは無理です。

⑥は「おめがね」で、眼識を意味させた「おきかえ」です。(12)に相当することには問題はありません。

⑦は、「一冊屋根にふき」の部分が注目されます。「屋根にふいた一冊」の本で、本当の「屋根」をなぞらえたものと考えていいでしょう。つまり一冊の本を「屋根のように」顔の上に置いたというのです。だからこれは、(1)(2)(4)(5)のどれにも関連するようですが、やはり形において類似を考えるのが一番適切だと思います。すると(1)になります。

⑧は「背皮」で「背皮の本」を指した場合です。明らかに(9)です。

⑨は「中間」で「中間に位置するもの」を指したのです。「中間のような」とは言えない点に注意する必要があります。うっかりすると、(4)とあやまる心配があります。そうではなく、これは、(11)です。

⑩は「山」が「なぞらえ」です。「山のような盗品」の意味です。そして「山のような」というのは、必ずしも「山の形」のみに依存した言い方ではなくなっていますが、ことばのおこ

りは、明らかに形の類似から出たものにちがいありません。だから(1)です。

⑪は「こども」が「こどものような大人」をさす場合です。本当のこどもを指して「まだまだこどもさ」などと言ったら人に笑われます。そうすると、(2)か(3)ですが、「はたらき」というより、それをもこめて「ねうち」と見る方が自然です。

⑫は「におい」が、臭覚における本来の「におい」から、「雰囲気」とか「趣」の意味に使われた場合です。性質の類似ですから(6)です。

⑬は「腕」というものが「腕前」ということをあらわす場合ですから、これは⑿です。

⑭は「ダブル」が「ダブルの上衣」とか「両前の背広」とかの意味に用いられた場合です。するとこれは、「部分」が「全体を指した」「おきかえ」になります。もちろん(9)です。

⑮は「木鐸」が問題です。「木鐸」というのは、木で作った舌のある鈴のことです。昔中国で、法令などを人民に伝える場合、これを鳴らして人を集めたのです。ですから一般人民にとっては木鐸の音は大きな権威を持っていたわけです。その「木鐸のような権威」をかつて新聞記者は自覚していたというのですから、これは(2)か(3)です。この判別は考え方によってどちらともとれますが、記者が自己の任務に関して持っていた自尊心なのですから「はたらき」と見た方が適当でしょう。すると、(2)となります。

随分めんどうな注文ですが、二つの表にしっかり目を注いで、一つ一つ処理してゆくことが必要です。入学試験という場面は、きかれた通りに、過不足なく答えなければならぬ場面です。受験生諸君からの注文や批判は、遺憾ながら一切きき とどけられないところなのです。

2　どう答えるか

「何をきかれているか」の項ですでにふれた通り、出題者の受けている制約、ことに時間的制約が、おのずから設問の仕方にあらわれてくるわけですが、そういう設問に過不足なく答える以外に、答案の書き方はないわけです。出題者の立場をよく理解し得さえすれば、おのずから、答案の書き方もわかってくるはずです。設問の注文の一つとして、「簡明に記せ」ということばがしばしば使われます。このことばには、出題者の置かれている時間的制約がよくあらわれております。ですから、特に「簡明に記せ」という注文がついていない場合であっても、常に「簡明」に書くということを忘れてはいけません。それに私は「正確」の二字をつけ加えたいと思います。「正確」というのは、一つは「過不足なく」ということです。もう一つそれに「文字を正しくきれいに」という意味も加えます。くりかえしになりますが、現在の入学試験においては、受験生自身の見識や批判をたずねられる場合はほとんど皆無に近いと言っていいでしょう。それはけっして入試本来の性格にねざす現象ではなく、本来は見識や批判こそ聞かるべきなのですが、そこには実際的ないろいろな難点があるために、現在のような形がとられているわけです。「作文」を書かせるということなどは、たしかに受験生の見識を見る上に不可欠なことなのですが、何千何万の受験生の作文を読むということは、単に時間的に言っても、並大抵のことではないのです。「作文」が課せられることが少いのは、やむを得ない実状に由来するのです。「何を聞かれているか」に即して、「簡明正確」に答えるようにすることだけが、現在は諸君の唯一の道なのです。「批判」は、まず大学に入ってから大いにやってもらいたいものです。ここには、答え方に、ある程度の自由の認められているような場合の例を一二あげておくにとどめます。どうぞ「簡明正確」に、答えてみてください。

【二七】 次の文章を読んで、後の問に答えよ。

だが、要するに、書いてまことにくだらない。子供が戦争ごッこをやッたり、飯事をやる、丁度さう云つた心持だ。そりや私の技倆が不足な故もあらうが、併しどんなに技倆が優れてゐたからつて、真実の事は書ける筈がないよ。よし自分の頭には解つてゐても、それを口にし文にする時にはどうしても間違つて来る。真実の事はなかなか出ない。髣髴として解るのは、各自の一生涯を見たらばその上に幾らか現はれて来るので、小説の上ぢや到底偽ッぱちより外書けん、と斯う頭から極めて掛つてゐる所があるから、私にや弥々真剣になれない。

併しながら、斯う云ふと、私一人を以て凡ての人を律するやうに取られるかも知らんが、さう云ふ心持でもないいんだ。私一人がいけないいんだね。ただ自分がさういふ心持で、筆を持つちやどうしても真剣になれんから、なれるといふ人の心持が想像されない。真の文学者の心持が解らん。だから真剣になれるといふ人があれば私は疑ふ。が、単に疑ふだけで、決してその心持にやなれぬと断定するまでの信念を持つてゐる訳でもない。雖然どう考へても、例へば此間盗賊に白刃を持つて追掛けられて怖かつたと云ふ時にや、其人は真実に怖くはないのだ。怖いのは真実に追掛けられてゐる最中なので、追想して話す時にや既に怖さは余程失せてゐる。こりや誰でもさうなきやならんやうに思ふ。私も同じ事で、直接の実感でなけりや真剣になるわけには行かん。ところが小説を書いたり何かする時にや、この直接の実感といふ奴が起つて来ない。人生に対するのが盗賊に追はれた時の心持になつて了ふ。議論から考へて見ると、人生といふものが何も具体的にそこに転がつてゐる訳ぢやない。斯うやつて御互に坐つてゐるのも亦人生に漬かつてゐるのだから、人生に対する感を持たれぬといふ筈もない。だから追想とか空想とかで作の出来る人ならば兎も角、私にやどうしても書きながら実感が起らぬから真剣になれない。古い説かも知らんが私の知つてる限りぢや、今迄の美学者も実感を芸術の真髄とはせず、空想が即ち本態であるとしてゐる。この空想とは、例の賊に追はれたことを後から追懐する奴なんだ。さうすると小説は第二義のもので、第一義のものぢやなくなつて来る。否、小説ばかりぢやない。一体の人生観といふ奴が私にや然う思へるんだよ……思へると云ふと語弊があるが、那様気がするのだ。どうも莫迦々々しくてね。だから作をする時にや、精神は非常に緊張させるけれども、心には遊びがある。丁度、撃剣で丁々と撃合つては居るが、つまり真剣勝負ぢやない、その心持ちと同なじ事だ。こんな風だから、他人は作をしてゐねば生活が無意味だといふが、私は作をしてゐれば無意味だ、して居らんと大に有意味になる。この相違を来すにや何かの原因が無くばなるまい。

問一　「追想とか空想とかで作の出来る人ならば兎も角」の「出来る」ということばで、この文章の筆者は、どのようなニュアンスつまり気持ちを伝えようとしているか。（十五字以内で答えよ）

問二　「一体の人生観といふ奴が私にや然う思へるんだよ……思へると云ふと語弊があるが、那様気がするのだ。」「思へる」というとどんな語弊がある、と筆者は考えたのだろうか。（十五字以内で答えよ）

問三　筆者は、「議論から考へて見ると……」というような考え方によれば、「作をする」ときの人にとって「人生」はどのようなものであることになる、と考えるのであろうか。（十五字以内で答えよ）

問四　筆者は、小説を書くことを戦争ごっこや飯事のようにおもい、「小説を書いたり何かする時にや、この直接の実感といふ奴が起つて来ない」だから真剣になれないと、自分の体験にもとづいて考えるだけでなく、「実感を芸術の真髄とはせず、空想が即ち本態である」という美学者の説を援用して、自分の考えを確めている。であるのに筆者は他方で、「私一人がいけないんだね」とか「真の文学者の心持が解らん」とか「決してその心持にやなれぬと断定するまでの信念を持つてゐる訳でもない」とかいつて、自分の考えを一般的に妥当するものとすることを躊躇している様子がある。この躊躇の様子があるのは何故であろうか。（二十字以内で答えよ）　　（一橋大）

「要するに、書いてまことにくだらない。子供が戦争ごッこをやッたり、飯事をやる、丁度さう云つた心持だ。」これがわれわれの出発点です。そして「私は作をしてゐれば無意味だ、して居らんと大に有意味になる。」という結末が到達点ですが、それは全く出発点と同じ地点です。その間に、筆者の主張の根拠がいろいろ述べられているわけです。それらを一つ一つ追跡し、整理すれば、全文の主張ははっきりしてくるはずです。それを重点的に整理してみましょう。

① 「真実の事は書ける筈がないよ。」
② 「私一人がいけないんだね。……真の文学者の心持が解らん。」
③ 「直接の実感でなけりや真剣になるわけには行かん。」
④ 「今迄の美学者も実感を芸術の真髄とはせず、空想が即ち本態であるとしてゐる。」
⑤ 「小説は第二義のもので、第一義のものぢやなくなつて来る。否、小説ばかりぢやない。一体の人生観といふ奴が私にや然う思へるんだよ………」

注目点をあげると、大体右のような諸点がとりあげられていいと思います。それが、筆者のことばの前後の別はあるが、その間に必ずしも論理の発展を見ることができないのは、もともと一つの現象の原因について、いろいろ自分自身を反省し、告白したもので、まとまった論理的な表現ではないからと見ることができるでしょう。要するにこの筆者は、小説家でありながら、小説には「偽ッぱちより外書けん」から「小説は第二義のもの」だと言っているのです。こういう考え方に執着するかぎり、この作家は、ついに表現の世界を捨てて「実感」の世界に移るほかあるまいと想像されます。「実感」の世界とは、「行為」の世界であるはずです。これだけのことが把握できれば、それでわれわれは一応の追跡を終ったのですから、設問に答えてゆくことにしましょう。

設問を見渡すと**問一**から**問四**まで、いずれも字数が制限されております。字数を制限するということは簡明に記させることを、形式の面から強制していることです。だからその本質は、「できるだけ簡明に記せ」という注文と何のかかわりもないわけです。

問一の注文は「どのようなニュアンスを伝えようとしているか」です。従ってわれわれは、ことばの裏側に目をそそがなくてはなりません。すると、この「出来る」は、全文の基調から、「出来るはずがない」とか「出来るということを私は疑う」とかいうニュアンスをふくんでいることに気づきます。このことは、「出来る人ならば兎も角、私にやどうしても書きながら実感が起らぬから真剣になれない。」と続く部分からも、それより前の「だから真剣になれるという人があれば私は疑ふ。」という部分からも考えられると思います。そこで改めて十五字以という注文を考えあわせるのです。

問二は、何がそう「思へる」かというと、「人生観」もまた「第二義のもの」と「思へる」というのです。筆者の小説否定論が、「人生観といふ奴」にまでわたった場合です。「さうすると小説は第二義のもので……」から、「さうすると一体の人生観といふ奴が然う思へる」となったのです。つまり「思へる」とは、筆者の立場からは必然の帰結と考えられるという意味です。しかし、小説に関してならとにかく、「人生観」をひっくるめてそう断定してしまうことは、小説家である筆者には、少々独断にすぎるという反省が働いたにちがいありません。同時に「人生観」というしかつめらしいものに対するある反感もくみとれると思います。哲学者なんてものは、不必要にむつかしい顔をして人生を論ずるけれど、そういうことの空しさなど一向に気づいていないのではないかという気持は、このとき筆者の心にたしかに働いていたはずです。しかし、そうであっても、むしろそうであるからこそ、一方には「人生観」そのものを「第二義のもの」ときめつける行きすぎを感じる気持も働いたのだと思います。小説に関してさえ、自分の否定論を「私一人を以て凡ての人を律するやうに取られるかも知らんがさう云う心持でもないんだ。私一人がいけないんだね。」といっている点にも照応します。だからこそすぐ「那様気がするのだ」と言い直しているのです。「気がする」という言い方であれば、たとえどのような独断も、独断として責められることはないはずです。そこまでたどれたら、あとは十五字以内でどうまとめるかだけです。一つの見本をお目にかけましょう。

「独断にすぎると反省した。」

問三は、設問そのものに問題があると思います。「議論から考へて見ると」の前後をよく読んで、筆者の考えをまちがいなく受け取ることが何よりも大切ですが、筆者の主張の根本には、いつも「真実は書ける筈がない」という考えが横たわっているわけですが、その具体例として、「例へば此間盗賊に白刃を持つて追掛けられて怖かつたと云ふ時にや、其人は真実に怖くはないのだ。」という事実があげられています。「怖いのは真実に追掛けられてゐる最中なので、追想して話す時にや既に怖さは余程失せてゐる。」ここに、筆者の小説否定の根本が見出だされます。「直接の実感でなけりや真剣になるわけには行かん。」と言い、さらに「小説を書いたり何かする時にや、この直接の実感という奴が起つて来ない。」と言うのも、この根本から自然に流れ出たものだったにちがいありません。そうするとその次にくる「人生に対するのが盗賊に追はれた時の心持になつて了ふ。」は、「実感」の起ってこない状態を言ったものと見なければならず、したがって「盗賊に追はれた時の心持」というのは、「追想して話す時の心持」であると見なくてはなりません。ここまでが、手がかりの第一です。それについて、問題の「議論から考へて見ると」という部分がきます。「議論から考へて見ると、人生といふものが何も具体的にそこに転がつてゐる訳ぢやない。斯うやつて御互に坐つてゐるのも亦人生に漬かつてゐるのだから、人生に対する感を持たれぬといふ筈もない。」筆者のことばは、ここではたしかに多少のあいまいさを示しています。ここで「人生に対する感」は、「真実に追掛けられてゐる最中」の気持、すなわち「実感」を指しているように考えられます。しかしそうとると、その直後の、「だから追想とか空想とかで作の出来る人ならば兎も角、私にやどうしても書きながら実感が起らぬから真剣になれない。」という部分とどうもうまくつながりません。この矛盾を解くには「だから追想とか空想とかで作の出来る人ならば兎も角」までを、「議論から考へて見る」場合と見、それにもかかわらず「私にやどうしても書きながら実感が起らぬ」以下と切りはなしてしまう考え方をとるよりほかないようです。「だから」を、「兎に角」までにかかると見るのです。「追想とか空想とかで作の出来る人ならば兎も角」を挿入句と見て、論旨は「だから私にやどうしても書きながら実感が起らぬ」と続くと見る「だから」には妥当な受けとり方は、どうもここでは出来ないようです。つまり、「だから」ということばが、やや特殊に使われていると見なくてはなりません。そこにこの設問の無理があります。しかし、やはり答は、「実感をもって描き得るもの」くらいでいいと思います。

問四は、設問のうちに答が暗示されていると思います。筆者は、自分の考えを、自分の体験から正しいものとして主張しているのですが、しかし、筆を持って真剣になれる人の存在はこれを否定していないのです。そういう文学者の「心持が想像されない」「心持が解らん」という懐疑は、そういう心持を持った文学者の存在そのものを否定することではありません。むしろ、そういう「心持が解らん」という懐疑は、そういう心持の存在を前提とします。まして筆者は、そういう心持の持主を「真の文学者」と呼んでいるではありませんか。ことばをかえて言えば、筆者の主張は、盗賊に追掛けられている「最中」の如き「実感」を根拠として、そういう「実感は描けぬ」ということから小説や人生観を全面的に否定するものなのでした。このことは、一切の表現活動、ことに「ことば」による表現を否定することとなります。何故なら

「盗賊に白刃を持つて追掛けられ」つつ表現するなどという芸当は、人間の誰にも不可能だからです。さらにつきつめれば、「ことば」そのものの否定にまで及びます。何故なら、「あっ」とか「きゃっ」とかいう特殊なことば以外は、一般にことばとは、行為そのものや、事物そのものとは直接に結びついてはいないからです。もし、「手」ということばが、「手」そのものだとしたら、日本語では「手」と言い、英語では「ハンド」というなどということ自体があり得ないこととなるではありませんか。そういう事情も、筆者の心にはある程度解っていたにちがいありません。いかに自分が真剣になれぬからといって、表現全体、芸術一般から言語までも否定する勇気は、筆者でなくても誰でも持ち得るわけはありません。だからこそ筆者のことばには、必然的にある「躊躇」がともなったのです。さて、こういう事情をわずか二十字で言わなくてはならないことは、やはり一つの困難をともないます。これではどうでしょうか。

「真の文学者の存在を否定し得なかったから。」

これで、一応片附きました。この問題は、難解なものに属すると見ていいでしょう。本質的なむつかしさを持っています。この程度のものが、そんなに苦しまないで処理できれば、現代文の読解に関しては自信を持っていいかもしれません。しかし、二十字以内でも十五字以内でも、文をつづるということには、やはり上手下手がともないます。入試の場合の上手な答え方とは、つまり、何をきかれているかに過不足なく答える、簡明正確な答え以外のものを指さないことは、先にも記したとおりです。そして「どう答えるか」を体得するためには実際に筆を取って練習することが是非必要だと思います。

【二八】 次の文章を読んで、後の問に答えよ。

貧乏を十七字に標榜《ひょうぼう》して、馬の糞《くそ》、馬の尿《いばり》を得意気に詠ずる発句というがある。芭蕉《ばしょう》が古池に蛙《かわず》を飛びこますと、蕪村《ぶそん》は、(1)傘《からかさ》をかついで紅葉《もみじ》を見にゆく。明治になっては子規という男が脊髄《せきずい》病をわずらってへちまの水を取った。貧を誇る風流は今日に至っても尽きぬ。ただ小野さんはこれを[A]《イヤ》しとする。(2)詩人の食物は想像である。美しき想像にふけるためには[B]《ヨユウ》がなくてはならぬ。美しき想像を実現するためには財産がなくてはならぬ。二十世紀の詩趣と元禄《げんろく》の風流とは別物である。仙人《せんにん》は流霞《りゅうか》を餐《さん》し、朝沆《ちょうこう》を吸う。

詩を作るより田を作れという。詩人にして産を成したものは古今を傾けて幾人もない。ことに文明の民は詩人の歌よりも詩人の行いを愛する。かれらは日毎《ごと》夜毎に文明の詩を実現して、花に月に[C]《フウキ》の実生活を詩化しつつある。小野さんの詩は一文にもならぬ。

詩人ほど金にならん商売はない。同時に詩人ほど金のいる商売もない。文明の詩人は是非とも他《ひと》の金で詩を作り、他の金で美的生活を送らねばならぬこととなる。小野さんがわが[D]《ホンリヨウ》を解する藤尾に頼《たよ》りたくなるのは自然の数である。

(夏目漱石《そうせき》「虞美人草《ぐびじんそう》」)

(注) ○馬の糞＝「紅梅の落花燃ゆらむ馬の糞」(蕪村)。○馬の尿＝「のみしらみ馬の尿《しと》する枕もと」(芭蕉)。○傘をかついで＝「紅葉見や用意かしこき傘二本」(蕪村)。○へちまの水＝「痰一斗へ

ちまの水も間に合はず」「をととひのへちまの水も取らざりき」（子規）。○小野さん＝詩人を目ざしている人、打算的である。○流霞を餐す＝大空にたなびく霞を食べること。○朝沆＝朝の間になびく白い気。○藤尾＝財産があって文学のわかる女性。

（名古屋大学）

問一　傍線の部分（1）・（2）を説明せよ。
問二　片仮名の部分に漢字を当てよ。
問三　全文の要旨をわかりやすく記せ。（百三十字以内）

もう一問、答え方の練習をしてみたいと思います。その前に、追跡によって本文の意味をはっきりつかんでおかなくてはなりません。問題をながめますと、四つの段落から成り立っております。このことは、われわれの追跡をかなり容易なものにしてくれるはずです。そこで、第一段をまず読んでみます。すると、芭蕉・蕪村・子規等の俳人の名がまず目にうつりますが、それらに関する冒頭の部分は、要するに「小野さんはこれをイヤしとする。」を言うためのものであることに気づきます。したがってわれわれの出発点は「小野さんはこれをイヤしとする」に見るべきです。ついでに「イヤし」は「卑し」であることを記しておきましょう。「賤し」でもいいでしょう。

第二の段落も、第一の場合と同じような表現態度が見られます。そこで筆者の言いたかったのは、「二十世紀の詩趣と元禄の風流とは別物である。」ということ、あるいは、「美しき想像を実現するためには財産がなくてはならぬ。」ということです。そして、そう考えているのは、やはり小野さんでなければなりません。そうすると、この段落は次のように要約できます。「二十世紀の詩人小野さんは財産を必要とした。」ここで「余裕」を片づけておきます。

第三に進みますと、「小野さんの詩は一文にもならぬ」のに、小野さんは「日毎夜毎に文明の詩を実現して、花に月に『富貴』の実生活を詩化」しなければならなかった事情が物語られます。「詩人小野さんは貧しく、しかも富貴であることを必要とした」わけです。

第四の段落に進みましょう。最初の二つのセンテンスは、第三段落の記述のくりかえしと見られますが、その後に「文明の詩人（小野さん）は是非とも他の金で詩を作り、他の金で美的生活を送らねばならぬこととなる。」と記されます。これがこの段落の焦点です。それはつまり「小野さんがわが『本領』を解する藤尾（注に記された『財産があって』の文字に注目してください。）に頼りたくなるのは自然の数である。」ということです。漱石がここで言おうとしたのは、つまり、小野さんが、詩人たるの打算から藤尾に近づいていったという事実だったのです。われわれはここで停止し、設問に移ります。

問一は、本文の部分の説明です。説明を求められた場合、そういう注があろうとなかろうと、われわれは「簡明正確」を目ざすべきでした。くだくだした説明や、あいまいな説明、あるいはくわしすぎる説明や、余計な説明は、当然これをさけなければなりません。(1)は、蕪村の場合も、芭蕉・子規の場合と同じく、「貧を誇る風流の一例」としてあらわれていることにまず留意しなくてはなりません。その上で、注の「紅葉見や用意かしこき傘二本」の句を熟読するのです。そうすると説明せよという注文が、この句と、「貧を誇る風流」とをつなげよということであること、それ以上に説明すべき何物もこの句は持っていないことに気づいていいはずです。「何をきかれているか」を把握することは、いつの場合でも「どう答えるか」につらなってまいります。答案の一例をあげます。

「秋の空は変わりやすいので、傘を二本用意して、紅葉見物に行くのである。その傘二本持って、というところに、庶民的な生活に根ざした、貧を誇る風流が見られる。」

(2)は、やさしい。「詩人は、美しき想像によって詩を生み、美しき想像の実現において生活を考える。」この程度の説明でいいと思います。単に、「詩人の生命は想像である」では、不足です。本文に即した答え方として、「想像による詩作」と「想像の実現としての生活」の二つの点は、解明に欠くことのできぬ要素だと思います。

問二は、すでに解説中に記しました。書取に関しては、この本ではあまり取り上げておりませんが、それは問題として自明だからです。しかし、だから書取を軽視してよいというのではは断じてありません。受験生諸君の漢字の知識は本当に薄弱です。だからしっかり書取の練習をしてください。それは目的においても、方法においても、もう解り切ったことです。だからこの本ではあつかわなかったのです。

問三に関しては、是非筆を取って答えを書いてみて下さい。その上で、私の見本を参照して下さい。その場合はぶくことの出来ない要素は、各段落の要旨としてすでに記しておきました。注文に合うように、それらをうまくつなぎ合わせればいいわけです。

3 適用

「たった一つのこと」がどれだけ体得できたか。

「たった一つのこと」はどれだけの力を示し得るか。

以下は、諸君が自らそれを試みる素材なのです。以下の諸問題——いずれも最近に出題された、入試現代文の水準を示す問題ばかりです——について、諸君が、根気強く「追跡」を続けられることをのぞみます。そしてその結果それらをつぎつぎに解決されることを念願いたします。私は、それぞれの問題に関し、いささかの手だすけを付けておくことにしますが、いずれも「追跡」の方向を暗示する程度にとどめます。そんなものは無視してももちろん結構です。

最後に一言、この本によって「たった一つのこと」を理解する道もまた、当の「たった一つのこと」によるべきであることを申し添えます。ずいぶん長い「追跡」でしたが、どうぞこの本は、二度読んで下さい。どんな書物でもそうですが、二度読んではじめて読んだと言えるのです。

【二一九】 次の文章を読んで、後の問に答えよ。

「広重は雨が好きだったんでしょう」と言ったのは、国際オリンピック委員会のブランデージ委員長である。上野の博物館を見物のおり、「あいにくの雨で」というあいさつに応じてのことばであった▼しゃれたことを言うものかなと思う。ちかごろ、雨といえばすぐ水害や放射能を連想して、よい感じを持てなくなっている。雨の詩情を見失い、広重や北斎の〝雨の古典美〟も忘れがちであった。ブランデージ氏は、浮世絵や根付《ねつけ》、中国の古い陶器の収集家として世界的に聞えた人だが、忘れていた雨情を思い出させてくれた▼この間、京都の医学大会に来たドイツの生物化学者でノーベル化学賞を受けたブテナント博士は、歓迎会のテーブル・スピーチで、やはり日本の美をたたえた。伊勢神宮に行ったら、古い大きな杉《すぎ》の林の中、白木の社《やしろ》がひっそりと静まりかえっていた▼日本もずいぶんそうぞうしい国だが、その片すみには、こんなにも静かなしじまを残している。近代文明の雑音と騒音の中に、このような静寂を守りぬいているのは、日本の偉大なロマンチシズムだと述べたそうである▼博士は、また京都で庭石を見た。西洋では石というものは階段やすべりどめにしか使わない。日本の石は生きている。日本人は石を生かしている。石は物言わず、石は語らないが、日本の石は考えている。考えさせてくれる。何か語っている。深い沈黙のうちに、人に語りかけてくる▼いのちのない石のかたわらに、いのちのある花が咲いている。花や葉と同格に石が存在している。そこにはヨーロッパ人が幾世紀も前に見失ってすでに久しい何物かがある。日本人の芸術的な偉大さが、その石の中に脈音をたてて静かに流れている。まあそんな意味の感想を語ったそうだ▼私はそれから、横山大観の雲上の富士の絵を見て、東海道を上京した。その絵の通りの雲にかすんだ富士が窓外に見えた。一人のアメリカ婦人が、「この暗い雲がいけすかない」とさけんだ。私はそう思わない。この曖昧《あいまい》模糊《もこ》とした味が、どうしてわからないのだろうと、そのアメリカ婦人を気の毒に思った、とも語ったそうだ▼緒方富雄さんからきいた話である。日本人なら、なんでもないありふれた感想であろうが、外国人の口から語られると、また別の味わいがある。

（天声人語）

問一　「広重は雨が好きだったんでしょう」ということばの裏にはどういう意味があるのか。

問二　ブテナントのことばあるいは感想は、どこからどこまでの範囲なのか。はじめの五字とおわりの五字とによって示せ。句読点も一字に数える。（解答は一つだけとは限らない）

問三　「緒方富雄さんから聞いた話」というのは、どこからどこまでの範囲なのか。はじめの五字とおわりの五字とによって示せ。句読点も一字に数える。

問四　この文の趣旨を、六十字以内に要約してしるせ。句読点も一字に数える。（東京大学）

（一）追跡　私（筆者）とブランデージ委員長の会話──→私の感想──→緒方から伝聞したブテ

ナント博士のスピーチ→緒方から伝聞した同じくブテナント博士の京都における感想→緒方から伝聞した同じくブテナント博士の車中の感想→緒方から以上の話を聞いた私の感想。

(二) 解答上の注目点　「句読点も一字に数える」という指定は、解答を同一の形のものにしようという出題者の意図を物語る以上の意味はない。しかし、それだけに、この点をいいかげんにすると、答の形がずれてきて、思わぬ減点の憂目を見るかも知れない。**問四**では聞き手と話し手の関係にはふれなくてよい。

(三) 問題批判　むつかしすぎないうえに、あいまいさもなく、正確な読解力を見る問題として水準を示している。

【三〇】 次の詩を読んで、後の問に答えよ。

冬の夜道を
一人の男が帰ってゆく
はげしい仕事をする人だ
その疲れきった足どりが
そっくり
それを表わしている
月夜であった

小砂利を踏んで
やがて　一軒の家の前に
立ちどまった
それからゆっくり格子《こうし》戸を開《あ》けた
「お帰りなさい」
土間に灯《ひ》が洩《も》れて
女の人の声がした
すると　それに続いて
何処《どこ》か　部屋の隅から
一つの小さな声が言った
また一つ別の小さな声が叫んだ
「お帰りなさい」
冬の夜道は月が出て
随分とあかるかった
それにもまして
ゆきずりの私の心には
明るい一本の蠟燭《ろうそく》が燃えていた

——津村信夫「冬の夜道」

問一　この詩の表現形式にはいろいろの要素が含まれていると思うが、その主とした傾向は次のうちのどれか。

(イ)　強い叙(抒)情的傾向　(ロ)　明細な叙景的傾向　(ハ)　平明な叙事的傾向
(ニ)　高度な象徴的傾向

問二　6の「それを」は何をさしているか。

(イ)　冬の夜道　(ロ)　一人の男　(ハ)はげしい仕事　(ニ)　足どり

問三　11の「ゆっくり」にいかなるものを感ずるか。

(イ)　疲労　(ロ)　家族への心くばり　(ハ)　格子戸の重さ　(ニ)　疲労と安堵《あんど》

問四　この詩は内容的に二つにくぎるとしたら、どこでくぎるか。

(イ)　19と20との間　(ロ)　6と7との間　(ハ)　12と13の間　(ニ)　10と11の間

問五　(1)　24の「明るい一本の蠟燭が燃えていた」は恐らく作者の主観を象徴したものと思われるが、その内容とするところは何か。

(イ)　労働者生活のうちに営まれる人間的なものの発見
(ロ)　労働と人生との撞着《どうちゃく》を断ち切った喜び
(ハ)　自然と人生との偉大性を身内に発見した喜び
(ニ)　労働者生活のうちにある貧困性への同情

(2) 24の句が生まれる主とした動機は次のうちどれか。

(イ) 月　(ロ) 声　(ハ) 夜道　(ニ) 部屋　(ホ) 足どり

（岩手大学）

(一) 冬の夜道を一人の男が帰ってゆく。（1〜6）→男が家に帰り着いて格子戸を開ける。妻と子がそれを迎える。（7〜19）→その情景に接した詩人が明かるい気持になる。（20〜24）

(二) **問一**は「主とした傾向」をきかれているのだということに留意する。完全に符合するものときかれているのではない。**問五**の(2)は、詩の読み方が足りないと、「月」とあやまりやすい。

(三) 詩を素材とした問題としては、設問の立て方が自然でよい。この程度が、高校卒業のレベルである。その意味でもいい問題であるが、現実的には、ややをさしい方に属することは否定できない。これ以上にむつかしい問題を出す方が、実はまちがっているのである。

【三二】 次の文章を読んで、後の問に答えよ。

人間は考える葦だ、ということばは、あまり有名になりすぎた。気のきいた洒落《しゃれ》だと思ったからである。ある者は、人間は考えるが、自然の力の前では葦のように弱いものだ、という意味にとった。ある者は、人間は、自然の威力には葦のように一たまりもないものだが、考える力がある、と受け取った。どちらにしても洒落を出ない。パスカルは、人間は、あたかも脆弱な葦が考えるように考えねばならぬと言ったのである。人間に考えるという能力があるおかげで、人間が葦でなくなるはずはない。したがって、考えを進めていくにつれ、人間がだんだん葦でなくなるような気がしてくる。そういう考え方はまったく不正であり、愚鈍である。パスカルはそう言ったのだ。そう受け取られていさえすれば、あんなに有名なことばとなるのはむずかしかったであろう。

クレオパトラの鼻が、もう少し低かったら云々《うんぬん》、ということばも有名になった。この気むずかしい思想家も、時には奇知を弄《ろう》する術を心得ているのを見て、人々は安心した。歴史の必然には、偶然というものが、時に薬味のように交っていると、巧みなことばで注意されることは、悪くはなかったのである。だが、これもまた「コンパスの尖端《せんたん》で彫られた」かれの肺腑《はいふ》の言であって、皮肉めいた意味はまったくない。もし、そうだとすれば、どういうことになったか。やはり、このことばは有名になりそこなったであろう。実は、パスカルには、歴史の必然性を云々する世の常識そのものが、自ら知らぬ大きな皮肉と見えていたに違いないのである。

世人は、皮肉屋というものを誤解している。皮肉屋は理想主義やロマン主義者から遠いと思っているが、実は健全で聡明《そうめい》な人からいちばん遠いのだ。

問一　「人間は考える葦だ」ということばは、右の文の論者の主旨によると、どう解するのがいちばん正しいということになるか。

(イ)　人間は葦のように弱いものであるが、ただ、考える力があるので他の生物とは違う強さを持っている。

(ロ)　人間は葦のように弱いものであるが、しかし、考えなければならぬ。

(ハ)　人間は考えを進めていくにつれて、葦のように弱くてはいけないという気がしてくる。

(ニ)　人間は考える力はあるが、風のひと吹きにたおされる葦のように、自然の力の前には、はなはだ弱い存在である。

問二　傍線部の「したがって」は、「したがってどうする」「したがってどうなる」あるいは、「したがってどうである」というのか。どれがいちばんよいか。

(イ)　考えを進めていく。

(ロ)　人間がだんだん葦でなくなってくる。

(ハ)　人間がだんだん葦でなくなってくるような気がしてくる。

(ニ)　そういう考え方はまったく不正であり、愚鈍である。

問三　「クレオパトラの鼻が、もう少し低かったら云々」ということばは、右の論者の主旨によると、どう解するのがいちばん正しいということになるか。

(イ)　気むずかしい思想家にも奇知がある。

(ロ) 歴史の必然には、偶然というものが、時に薬味のように交っている。
(ハ) 歴史というものには、偶然的な要素が大きく作用している。
(ニ) 歴史には必然的な発展の法則が支配している。
問四 パスカルはどのような思想家であったと、この論者は言うのか。
(イ) 皮肉屋　(ロ) 理想主義者　(ハ) ロマン主義者　(ニ) 健全で聡明な人
問五 右の文の全体の論旨として、どれがいちばんよいか。
(イ) パスカルの言について世人が誤解しているのをあざわらっている。
(ロ) パスカルの言は、鋭く人々の肺腑をえぐるような皮肉を含んでいた。
(ハ) パスカルは真実を、そのまままっすぐに、語る人であった。
(ニ) 世の中には、誤解されたためにかえって有名になったことばというものがある。

（東京教育大学）

(一)「人間は考える葦だ」に関する俗見の一──→俗見の二──→筆者による正しい受け取り方──→「クレオパトラの鼻が、もう少し低かったら云々」に関しても事情は同じだという指摘──→俗見──→筆者による正しい受け取り方。

(二) **問一**は、明らかに誤りであるものを除去してゆくといい。この方法は、この種の問題に関しては、いつでも適用できる。ただし、そうして残ったものに関しては、改めて設問の趣旨に合うかどうかをたしかめなくてはならないことは無論である。**問三**に関しては、

「歴史の必然性を云々する世の常識そのものが、自ら知らぬ大きな皮肉と見えていたに違いない」という部分に解決の鍵がひそんでいる。**問四**は、終りの段落を再読三読しないとかんちがいしそうである。**問五**は、諸君の論理的感覚をテストするのに絶好である。

〔三〕文芸評論家のこういう表現は、一般に受験生諸君には、その本質以上に難解なものに映るらしい。その意味からは、この問題などは、難解の部に属するかもしれない。しかし、本質的にはけっしてさほどの難問ではない。しかも、設問の形式が、全部、あらかじめ答を用意しているのだから、全体として、けっして無理な問題ではない。

【三二】左の二文のうち、(1)は川端康成の小説「女であること」の一節、(2)は川端文学の特色を順序なく箇条書にしたものである。これらを読み、後の問に答えよ。

(1)

(さかえは)自分を避けたのかと市子がうたがっていると、ふすまに音がした。

敷居ぎわに、白い足の親指がのぞいた。

素足のさきだけが、一つの生きもののように動いて、ふすまを押しあけた。

市子は気をのまれて、なぜか胸がどきどきしているうちに、白いしゃくやくを入れた、大きい花びんをかかえて、さかえがはいって来た。顔は花で見えない。

「小母さま、お出かけ?」

さしわたし十五センチほどにひらいた大輪、花びらの一、二枚だけをさしのべた咲きかけ、まだ幼子の握りこぶしぐらいのつぼみなどが、あざやかなみどりの葉にとりかこまれて、さかえといっしょに動いた。やや小暗い床におかれた。

「さかえちゃん、それ切ってしまったの？」市子はなさけない声でとがめた。

「庭に咲いてたかて、小父さまごらんになれませんもの。」

「さかえちゃん、それは切ってほしくなかったわ。うちの庭の主なのよ。切ってはいけないの。花でも生きているから……。」

「小父さまがおやすみになってやはるさかい……。」

「そのみごとな花を持って来るのに、足でふすまをあけたりして……。」

「大きいつぼをかかえて、手が使えしまへんね。」

「つぼを一度下において、ふすまをあければいいじゃないの。」

「ああ、そうやった。」と、さかえはすなおにうなずいたが、

「花に気イ取られて、行儀のことは忘れてました。小父さまに早う見せたげましょと思って……。」

真白と見えるしゃくやくの花びらには、クリイム色、淡いピンク色もはいっていた。花心の近くに紅もにじんでいた。

「このしゃくやくは、わたしの父もだいじにしていたものよ。」

とまで、市子は言った。父の生きていたころから、市子が長くなじんで来た花だ。父

も庭でながめて、こんなに切りはしなかった。

(2)

「小母さま、かんにんして下さい。」

さすがにさかえもしょんぼりうつ向いた。

a 処女作以来一貫して[A]的な作風を示している。

b みずみずしい[B]的描写も終始失われていない。

c 感情に溺れず、透徹した[C]の影を落している。

d 「虚無の花」と批評される[D]の美の極致を組みあげている。

e 戦後、その人生観はより暗く[E]な色彩を深めている。

問一 さかえはなぜ、しゃくやくを切ったか。

問二 傍線部「さすがに」には、さかえのどんな気持(性格・心理)が含まれているか。

問三 市子の感情の流れを説明せよ。

問四 (2)の空所にあてはまる語を、次の選択肢の中から選んで、その符号(イ)、(ロ)、(ハ)……)を記せ。

(イ) 理性　(ロ) 感性　(ハ) 感情　(ニ) 感覚　(ホ) 枯淡　(ヘ) 人工

(ト) 抒情　(チ) 叙事　(リ) 孤高　(ヌ) 自然

問五 (2)の特色のうち、(1)にあらわれているものはないか。あるならば、その符号(a・

b・c、……）を記し、該当する一節を(1)の中から引用せよ。（必要があるなら、説明も加えよ。）

（千葉大学）

(一) 市子（小母さま）とさかえとの感情のもつれ。（最初のセンテンスがそのことを暗示している）→さかえがしゃくやくの花を花びんにいけて入ってきて床におく。→それを市子がとがめる。→市子とさかえとのやりとり。（さかえ——「庭に咲いてたかて、小父さま（市子の夫）ごらんになれませんもの。」市子——「それは切ってほしくなかったわ。うちの庭の主なのよ。」「足でふすまをあけたりして……。」「わたしの父もだいじにしていたものよ。」）→さかえ「小母さま、かんにんして下さい。」とうつ向く。

(二) 問四は、文学史的常識、この場合は、川端康成に関しての常識をたずねているのであるが、それが、(1)の熟読からもある程度は解決できるように工夫されている。そこに出題者の苦心も存したのであろう。

(三) 最近の一傾向として、文学史的知識を、知識としてでなく、読解力と併せてたずねる問題が次第に多くなっているという事実がある。この問題も、そういう傾向の一例である。

【三三】 次の文章を読んで、後の問に答えよ。

この数年、私は「あそび」ということばに凝っていました。昔、鷗外の短篇に「あそび」という題のものがありました。私が中学生だった頃、つまり明治の終りから大正の始にかけて鷗外が書いた幾つかの短篇に、木村という官吏の身辺に起る些細な出来事と、それに対する「ボウカンシャ」の態度を述べたものの一つです。当時ブンダンを支配していた所謂自然主義の連中から手ひどい批評を浴びたのも至極当然なわけですが、年寄のくせに若いものの仲間にまじろうとして一向相手にされないものだから厭味をならべているというような(1)失礼な文句が出てくると、鷗外はまた一々取上げて(2)からかう度ごとに、(3)同じ類の作品が続いて出来たのです。そんなものを読み返したきっかけは「鷗外のイロニー」について或る若い人に訊《き》かれたことです。どうも「イロニー」は「ヒニク」とは違うらしい。しかし共通なところもあるらしい。口に出す言葉と、心に浮かべている意味と違うところなどはそれだとしても、ヒニクとか厭味なんかではなくて、平たくいうと「知らん顔」ではないか。「運命のイロニー」などというのは正にそれで、運命の方ではヒゲキの主人公がそんなことをやっていると今にこういうひどいめに会うぞということを勿論承知している。承知しながら「知らん顔」をする。運命だの神だのは別として、人間のことだけを考えてみても、イロニーには立場が少くとも二つあって、その都度《つど》自分の居場所を変える。この一種の「うそ」は「あそび」の「うそ」に似通っている。jeu とか Spiel とかいう言葉にはきまりきったように「賭《かけ》」という意味が結びついている。これが嵩《こう》じると身のハメツだ。二つの立場がせっぱつまって「生か死か」になりかねない。

（注）jeu はフランス語、Spiel はドイツ語、ともに「遊び、遊戯」などの意。

問一 右の文中、片かなで書かれているつぎのことばに、適当な漢字を当てよ。
ボウカンシャ　ブンダン　ヒニク　ヒゲキ　ハメツ

問二 傍線の部分は、やや理解しにくい表現になっているが、
(1) 「失礼な文句」とは、(a)どこからどこまでで、またそれは(b)なにに出てくるか。
(2) 「からかう」というのは　(c)誰が　(d)誰をからかうのか。
(3) 「同じ類の作品」とは、(e)なにと同じ類なのか。

問三 「あそび」と「イロニー」とは、どういう点が似ているというのか。

問四 右の文章は、前半と後半とで、その文体がちがっていると思われる。
(1) その文体のちがいは、どういう点に認められるか。（もっともいちじるしい点を一つ指摘せよ。）
(2) そういう文体の差で、この文章を二つの部分に分けるとすればどこで分けられるか。（必要な部分だけつぎに書きぬいて、』をもって区切りを示せ。）
(3) そういう文体の差は、内容上の、どういうちがいに応じてあらわれたと考えられるか。

（京都大学）

(一) 私はある若い人に「鷗外のイロニー」について訊かれた。→私は、「あそび」の系列に属する鷗外の幾つかの短篇を読みかえした。→そして、この数年、私は「あそび」ということばに凝った。→その間私は、「イロニー」と「あそび」との間にある関連をいろいろに探求したしかめた。

(二) **問一・問二**には問題はない。**問三**も、後半の部分をよく読めば、さほど困難を感じることもないであろう。**問四**が、この問題では一番受験生諸君を悩ますのではないかと思うが、「私は『あそび』ということばに凝っていました。」とか、「或る若い人に訊かれたことです。」とかいう文体と、「共通なところもあるらしい。」とか、「勿論承知している。」とかいう文体との間に明らかに相違があるのだから、無理な注文ではないはずである。

(三) 内容探求に書取を加えた問題である。鷗外に関する知識は、ここでは全く不必要である。その点も、この問題のよいところである。なかなかよく出来た、難易の度合いも適当な問題である。

【三四】 次の文章を読んで、後の問に答えよ。

だれでも自分というものを持っている。同様にだれでも自分の世界を持っていると言えないこともない。しかし半日一人でいると怠屈するという人や、流行の衣裳《いしよう》とあれば何でもかまわず身につけるという人が、自分の世界を持っているとは言いにくい。「ちっとも自分というものを持たないところがあの人なんですよ」というような言葉をわたしたちはときどき使うことがある。これは一人の人間の性格規定としては、じゅうぶん意味のある言いあらわしであろう。しかし、それを一般的に「自分のないところにも自分はあるのだ」と言うと、これはパラドックス（逆説）になる。こういう、たいていの場合にはことがらを混乱させるだけの言葉を A 使うことをわたしは好まない。パラドックスというものは世の中の復雑と多面性とを示すには便利なもので、常識の硬化や押しつけがましい説教口調に対しては功果があるが、それだけでひとり立ちできるようなものではない。いつもある思想を予想しているというのがパラドックスの本性で、したがって、発想そのものがもともと B 的である。

自分を持つというのはどういうことであろうか。自分の好みを持つことであり、自分の選択をすることであり、自分の眼《まなこ》で見ることである。それが自然に自分の世界を築くことになる。同時に、自分の世界を築くことによって自分を持つということがはっきりした姿をとってくる。自分の世界にはべつに定まった空間は必要ではない。自分の家とか自分の室とかいうものさえ必須《ひっしゅ》な条件ではない。自分の世界を持った人は随所に自分の世界をつくり、その自分の世界を自分と相対する人に感じさせる。その意味で自分の世界はいつでも自分の C にある。

（注）必須＝必ずなくてはならぬこと。

問一 右の本文中に用字上の誤りがいくつかある。解答例にならって、左に正確な字をしるせ。正しいものを間違ったものに変更した場合は減点する。

解答例＝（専問→専門）（隠やか→穏やか）（絶体者→絶対者）

問二 A〜Cの空欄内に言葉を入れるとすれば、左の各のうちでどれが最も適当か。正しいと思うものの符号をそれぞれマルで囲め。

A
(イ) 厳密に
(ロ) 手軽に
(ハ) ときどき
(ニ) 手厚く
(ホ) 重々しく

B
(イ) 空想
(ロ) 調和
(ハ) 一元
(ニ) 論争
(ホ) 妥協

C
(イ) 好みの下
(ロ) 空間を超《こ》えた所
(ハ) 目の前
(ニ) 意志の上
(ホ) 心の中

問三 「いつもある思想を予想しているというのがパラドックスの本性」だとあるが、『自分のないところにも自分はあるのだ』という言葉も、パラドックスである以上、何か「ある思想」を予想しているはずである。それはどういうものか。左のうち最も正しいと思うものの符号をマルで囲め。

A 自分のあるところにしか自分はない。

B 自分のあるところにも自分はないのだ。

C　ちっとも自分というものを持たないところがあの人なんですよ。
D　たれでも自分というものを持っている。
E　たれでも自分の世界を持っていると言えないこともない。

問四　よく用いられる「ことわざ」で、次の解答例の外に、逆説的表現を持つものがあれば、二つだけ挙げよ。三つ以上書いてはいけない。
解答例＝「安物買いの銭失い」「安物は高物」
（九州大学）

（一）「だれでも自分というものを持っている。同様にだれでも自分の世界を持っていると言えないこともない。」→しかし、「自分の世界を持っているとは言いにくい」人もある。→そういう時しばしば「ちっとも自分というものを持たないところがあの人なんですよ」という人間規定をする。→しかし、これを一般的に「自分のないところにも自分はあるのだ」と言うと、それは逆説になる。→逆説とは、それ自身で自立する思想ではなく、「いつもある思想を予想」している。→「自分を持つ」とはどういうことであろうか。→「自分の好み」「自分の意志」「自分の眼」そして「自分の世界」。→「自分の世界」の性格。
（二）　**問三**、**問四**がなかなか面白い。その他は本文を熟読することによって、処理することにさして困難はあるまい。
（三）　本来、入試現代文の設問は、問題文そのもののうちに解答がふくまれていることが前提とさるべきであり、そうでない場合も、高校卒業程度のものに一般的な常識をたずねるか、あるいは本文から直接推定できる範囲にとどめるべきである。**問三**、**問四**は、後者の場合に属するけれども、この程度のものは、無理な設問とは言えない。むしろ、たくみに問われている場合と見ていいであろう。「自分の世界」とか「逆説」とかいう主題も、適切である。

【三五】 次の文章を読んで、後の問に答えよ。

(1)文学がどのような文化に対しても自己の存在を誇りうる唯一の根拠、あるいは文学が歴史に協力し社会の進歩に奉仕しうる唯一の特権はそれが他のどこにも求めえられない造型力を持っているということである。(2)[a]それは決して文学の末技的技術の問題ではなく本質の[b]それである。(3)そこでそのような独自の造型力を判断する基準として、私はもう一度「美しい」という言葉を再生させたい。(4)一体「迫力」とか「真実」とかその他多数の言葉は常識的には文学の評語として平気で通用しているものの、どちらかといえば文学には無関係のどのような場合にも使用しうる言葉で、たとえば「彼の投球には一種の迫力がある」とか「それは彼の真実を裏切る行為だ」とかいった場合、これらの言葉は必ずしも造型的な意味と関係を持つとは限らない。(5)ところが「美しい」という用語になると大分事情がちがう。(6)なるほど美しい行為などと言わなくはないが、それは言ってみれば比喩的に応用したまでで、本来は造型的な何かを示す言葉であろう。(7)つまり、造型を生命あるいは特権とする文学のありかたをじかに指摘する言葉として、「美しい」は決して不適格ではない。(8)ないばかりか、私は今この言葉を、在来の日常用語としての意味から多少とも引き離してでも、そうした文学的造型の現実的意味といったようなものを現わすための特殊の言葉に再生したい誘惑を感ずるのだ。

問一 問題文の要旨を五十字以内に要約せよ。

問二 問題は八箇の文から出来ている。その中で、どの文が内容上一番中心になるか。数字で記せ。

問三 第2文には、「それ」がaとbとの二箇所に使われている。それぞれ何をさすか。問題文中の語句で説明せよ。

問四 文と文とのつながり方について、(甲)第2文と第3文、(乙)第3文と第4文、(丙)第6文と第7文、(丁)第7文と第8文は、それぞれ次の七種(A～G)のどれに当たるか。

(例)歴史や伝説は、過去に発生した事柄を記録したものである。神々の物語もまた、神々が本当に行った行為として伝え記したのである。答 C

A 前の文が原因・理由を表わし、後の文がそれに対する順当な結果・結末を表わすもの（順接）。

B　前の文で述べた事柄に対して、後の文がそれにそぐわないこと、対立することを表わすもの（逆接）。

C　前の文で述べた事柄に後の文で述べる事柄を付加したり、あるいは前の文で述べた事柄と後の文で述べる事柄とが並存したりすることを表わすもの（並列）。

D　前の文で述べた事柄と、後の文で述べる事柄とのうち、どちらかを選択することを表わすもの（選択）。

E　前の文で述べた事柄に対して、後の文でその原因・理由を補うことを表わすもの（補足）。

F　前の文で述べた事柄を、後の文でまとめたり言い換えたりすることを表わすもの（要約）。

G　前の文で述べた事柄から転じて、後の文で別の事柄を表わすもの（転換）。

（神戸大学）

（一）文学の特権としての造型力→その造型力を判断する基準として「私はもう一度『美しい』という言葉を再生させたい。」→文学の評語として「美しい」という言葉の本来持つ適格性。「迫力」「真実」などに比してはるかに適格である理由。→文学的造型の現実的意味を表現する特殊語として「美しい」を再生させたい。

(二) 問一〜三はそれぞれ、本文に即した妥当な設問である。問いも明瞭であり、その答も、本文の熟語によってその中から求めることができる。問一と問二は内容的にはほとんど同じものである点に注意する必要がある。問四は、文章表現の理解をたずねる問題として、余り例のないものの一つである。出題者の苦心の存するところであろう。(甲)と(丁)とは誤りやすい。

(三) 全体として、問題の出来ばえのすぐれたものの例としていいであろう。難易の度合いも適当であり、本文の論旨も、入試問題として妥当である。

【三六】 左の文は葛西善蔵という作家の小説「子をつれて」の一部であるが、主人公の貧しい一文士が家主から家の立退きを迫られて、二人の子をつれ街に出たところである。後の問に答えよ。

台所道具の一切を道具屋に売払い、家を締め切って八時近くに家を出た。彼は書きかけの原稿やペンやインキなどを入れた籠を持ち、尋常二年生の長男は本や学校道具を入れたカバンを肩にかけ、袴をはいていた。幾日も放ったらかしてあった七つになる長女の髪をいい加減に束ねてやり、彼は子供たちをつれて夜の賑やかな街の方へと歩いて行った。三人とも疲労を感じていた。それに、晩飯も済ましてなかったので、ひどく空腹であった。で彼等は、電車の停留場近くのバーに入った。子供たちには寿司をあてがい、彼は貪るようにまた非常に尊いものかのように、一杯々々味わいながら酒を飲んだ。前の大きな鏡に映る蒼黒い、頰のこけた眼の落ちくぼんだ自分の顔を他人のものかのように見やりながら、彼はのびた頭髪を左の手で撫であげ、右の手に盃を動かしていた。

「お父さん、僕エビフライ食べようかな。」

寿司を平げてしまった長男は、自分で読んで、こう並んでいる彼にいった。

「よし〳〵、エビフライ二つ――。」

彼は給仕女の方に向いて、こう機械的に叫んだ。

「お父さん、僕エダマメを食べようかな。」

しばらくすると、長男がまたいった。

「よし〳〵、エダマメ二つ――それからお銚子……。」

彼はやはり同じ調子で叫んだ。

やがて食い足った子供たちは外へ出て、鬼ごっこを始めた。長女は時々ドアのガラスに顔をつけて、父の様子を見に来た。そして彼の飲んでいるのを見て安心して、また笑いながら兄と遊んでいた。(注意＝原文は旧仮名づかい)

問一 右の文中、主人公が当惑している様子が具体的に最もよく表われていると思われる箇所に傍線をひけ。

問二　右の文中において、父に対する子供たちの気持を物語るものとして次の三つの答のうち、最も適当と思われるもの一つを選び、その番号の上に○印をつけよ。

(イ) 子供たちには事情や父の気持がまるでわかっていなかった。
(ロ) 子供たちは事情はよく分らないながら、父の気持は感じとっていた。
(ハ) 子供たちには事情も父の気持も痛いほどわかっていた。

問三　(1) 長男が「お父さん、僕エビフライ食べようかな」とか「お父さん、僕エダマメを食べようかな」とかいうその言葉づかいの中にどんな気持が含まれていると思うか。次の三つの答のうち、最も適当と思われるもの一つを選びその番号の上に○印をつけよ。

((2)、(3)についても同じ)

(イ) 全く喜んで有頂天になった気持。
(ロ) お父さんに遠慮しいしい解放されたような、甘えたいような気持。
(ハ) けちなお父さんへの反撥の気持。

(2) 長男の右のような言葉に対して、父親が機械的に「よしよし」といい、しかも「エビフライ二つ」とか「エダマメ二つ」とか叫んだその気持はどんなものであったか。

(イ) あとはどうにでもなれといった自暴自棄的な気持。
(ロ) 子供のことを不愍《ふびん》にも思い、又どうにでもなれといった気持。
(ハ) ほんとうに気のない機械的な応じ方。

(3) 右の文の終りのところで長女が時々ドアのところに来たのはどんな気持からであ

ったか。

(イ) お父さんのことがただ気になって。
(ロ) お父さんに逃げられはしないかと思って。
(ハ) お父さんが好きな酒を楽しんでいるので嬉しくて。

問四 この文の作者が活躍したのはいつ頃か。次に挙げるものの中から最も適当と思われるもの一つを選び、○で囲め。

大正時代　　昭和時代　　終戦後　　　　（熊本大学）

(一) 家主から立退きを迫られた貧しい文士である彼は、長男と長女をつれて夜の街に出た。
→空腹な三人は停留所近くのバーに入った。→父は酒をのみ、子供たちは食事をした。
→お腹の一杯になった子供たちは外へ出て鬼ごっこを始めるが、父である彼はひとりで酒を飲み続けた。

(二) 著名な作品「子をつれて」の一節をとって、主として読者の享受の度合いをたずねようとしたものである。**問一**は、文章全体がそのことを物語っているわけで、一箇所に傍線を引けという注文は、やや無理である。少くとも次の二箇所はそれに該当しそうである。「幾日も放ったらかしてあった……歩いて行った。」「前の大きな鏡に映る……盃を動かしていた。」しかしどちらか一つということになれば、やはり後者であろう。**問二**以下は、答が用意されているから、判別を誤りさえしなければよいわけである。

（三）享受、鑑賞にわたる問題は、一般に意外と思われるほど、見当ちがいが多い。そういう問題は、概して、外形はやさしいのが常であるけれども、芸術作品の享受にはやはり、成熟した精神を必要とするのであろう。特に問題文の熟読をのぞんでおく。

【三七】 次の文章を読んで、後の問に答えよ。

普通流行を追うという場合には、新奇な目立った風をすることと考えられ、また実際そういう形で流行を追うものもある。しかしこれは例外なのであって、(1)流行を本来流行たらしめるものは、そのように人に目立つところにあるのではなく、むしろ目立たぬものにするところにあるのです。最初は目立たせるところにその発生理由があっても、その真の機能は結局目立たせぬところにあるのであります。従って流行は、いつでも古風と新奇との中間にあるので、古風とは過ぎ去った流行で、新奇とはこれからの流行なのであります。古風が古風になればなるほど、新奇が新奇であればあるほど、(2)それはますます形を際立《きわだ》たせるものですが、(3)それに対して流行がほんとうに流行している場合には、(4)それは決して形を際立たせない。それが形を際立たせるのは、それがまだ新奇に見える場合で、しかし新奇にそれが見える限り、それはまだほんとうに流行していないのであります。その意味で流行はいわば人を社会の中に埋めて、気易《きやす》さとゆとりを与えるものであり、その限においい て、それは人を［A］にまた［B］にするものではありますけれど、しかしどこまでも健全な［C］現象なのであります。というのは、それは何よりも秩序をつくるものとなっているからで、われわれがそれによって気易さとゆとりとを感ずるというのも、(5)その心理的な反映であります。

問一　傍線の部分(1)はどういう意味か。それを本文の中の言葉で答えよ。

問二　傍線の部分(2)〜(5)のほんとうの意味を、本文の中の言葉で答えよ。

問三　空欄A〜Cの中へ、左の語群の中から適当なものを選んで記入し、本文を完成せよ。
但し選んだ語の上の記号を書け。

A　(イ)尊大　(ロ)凡庸　(ハ)放漫　(ニ)繊細

B　(イ)無性格　(ロ)寛　容　(ハ)利己的　(ニ)浪費的

C　(イ)心理　(ロ)社会　(ハ)法的　(ニ)服飾

（名古屋大学）

(一)「流行を追う」ということに対する一般の考え方「目立った風をする」というのは俗見である。→流行を本来流行たらしめるものは人に「目立たぬものにする」ところにある。→従って流行は、常に「古風と新奇の中間」にある。→かかる本来の意味においては流行は人に「気易さとゆとり」とを与える健全な現象である。

(二) 問一に関しては、次の三つの答えが浮んでくる。「古風と新奇との中間にある」「ほんとうに流行している場合には、それは決して形を際立たせない。」「人を社会の中に埋めて、気易さとゆとりとを与える」。この三つから一つをえらぶためには、十分なる「追跡」が必要であろう。問二は、(2)だけがやや答えにくいかもしれない。問三は、AとBとをつなぐ「また」に留意する。

(三) 何でもない普通の形をしている。そこがいい問題である。しかも形式上のやさしさの奥に、かなり高度の主張が盛られている。これは必ずしもやさしい問題ではない。

【三八】 次の文章を読んで、後の問に答えよ。

詩壇は今やその生命力と［A］のよってもって鼓舞される溌剌《はつらつ》たる雰囲気《ふんいき》とを失いかけている。一方詩人の物質的生活は極度の不安におちいっている。真にすぐれた個性と実力を持った詩人は、ほとんど自発的に孤立して彼らの家に閉じこもっている。またその天稟《てんぴん》と才幹とをのべるべき有為な青年詩人は、この現状に対して、はなはだしく懐疑的になり、反抗的になっている。光が乏しく空気が稀薄《きはく》である。萎縮《いしゅく》してしまうことを欲せず窒息することを好まぬものは、どんな犠牲を払っても自分のうちの光と空気とを守り且つ育てなければならない。

それもよい。彼らのうちに豊かな創作力と不抜な堅忍力とを持っている少数者には。しかし、精神の強い弾力と芸術への愛の持続とを極度に必要とするこの[B]を絶えずおそってくる物質生活との苦闘を、はたしてだれにでも望むことができるだろうか。

（萩原朔太郎《はぎわらさくたろう》の文による）

問一 次の語の中、空欄Aの内に入れるのに最も適当な語一つを選んで、その頭に○印をつけよ。

時代　　生命力　　宗教的精神　　思想　　社会

問二 次の語の中、空欄Bの内に入れるのに最も適当な語一つを選んで、その頭に○印をつけよ。

孤高な精神　　繊細な神経　　芸術の危機　　未来の生命　　明日への希望

問三 傍線を引いた箇所の、「光が乏しく空気が稀薄」なのは、どこか。本文の中からその語を指摘せよ。また、この傍線の部分の意味をわかりやすく説明せよ。

（お茶の水女子大学）

（一）詩壇は今や生命力と潑剌たる雰囲気とを失いかけている。→一方詩人の物質的生活は極度の不安におちいっている。→真にすぐれた個性と実力とを持った詩人は、孤立して家に閉じこもっている。→有為な青年詩人はこの現状に対して、懐疑的となり、反抗的となっている。→かかる「光が乏しく空気が稀薄である」現状においてこそ、光と空気を守り育てねばならぬ。→そういう強い態度も少数のすぐれた人間には可能であろう。→しかしとうていだれにでも望むということはできない。→つまり詩壇は生命力を失いかけているのである。

(二) **問二**に関しては、後段の論旨が、「少数者には」求められてもいい態度を、しかし「だれにでも」望むことができようかというにあるところをはっきりつかむ。すると、「この［B］」はつまり「少数者」と同じ対象を指すことが理解できよう。**問三**の、「どこか」という問を誤解するものがでてきそうである。

(三) 詩人の嘆き→この事は、大正期だけにとどまらず、今日の現象でもある。詩人は今日、詩人としてだけでは生存出来ない。これは日本の文化を全体として考える場合なかなか重要な意味を持つ問題である。諸君の問題意識の片隅にこのことを記しておいてほしい。この問題は、そういう意識にもとづく出題と考えられる。

【三九】 次の文章を読んで、後の問に答えよ。

(1) (津軽の言葉でメラシは処女。)a(りんご畑の仕事はあらかたメラシがする。)b(りんごはメラシの丹精だ。)c

(2) 仕事する指さきを襟元《えり》へくくめ、口へ寄せて息をかけ、暁方のもやの中をメラシ被《かぶ》りの赤い布がいくつもりんご畑へ急ぐ。

(3) 畑は山の斜面にひろがっていて、実のりのころは土からしてりんごのにおいがする。メラシたちは一日においに染まってはたらく。

(4) 十月の畑はもがれる赤と、もぐ赤とがにぎわう。

問一 この文は、構成の上から(1)(2)(3)(4)の四つの部分にわけられるが、それは、内容の上からいって、次の四つのどういう順序になっているか。次の四つは順序不同にならべてあるが、これを、この文章の構成の順序に配列し換えよ。（その符号のみを所定欄（省略）に適当に記入すればよい。）

(イ) メラシの様子

(ロ) りんご畑にとけこむメラシ

(ハ) メラシとりんご

(ニ) りんご畑

かつ、その表現の方法を「説明」（A）と「描写」（B）にわければ、四つの部分は、それぞれいずれによっているか。適当と思われるものの符号を記入せよ。

問二 この文の、(1)の部分は、表現効果の上でａｂｃ三段の展開を示しており、(2)以下の部分はそれを反映していると見れば、(1)のｃ（りんごはメラシの丹精だ）のところに応じている箇所は、(2)以下の部分の中のどこにあたるか。その箇所を、原文のままぬき出して記入せよ。

問三　この文において、(4)の部分の「もがれる赤と、もぐ赤とが」のところを、「赤いりんごが、メラシによって、あとからあとからもがれて」と換えれば、表現の上に、どういうちがいが出てくるか、左のうちから、適当と思われるものはすべて選んで、その符号を記入せよ。

(イ)　ずっと文章がわかりよくなって生きてくる。
(ロ)　生き生きした実感がなくなる。
(ハ)　立体感がなくなって前文をこわしてしまう。
(ニ)　のどかな畑の気分がはっきりとしてくる。
(ホ)　いかにも忙しそうな感じがつよく出てくる。
(ヘ)　きびきびした文章の力がなくなる。
(ト)　いっそう目に見えるように鮮かによみがえる。

問四　この文の、全体の感じは、左のいずれにあたるか。最も適当と思われるものの符号を記入せよ。

(イ)　のんびりとのどかな朗かな感じ。
(ロ)　素朴なはつらつとした明るい感じ。
(ハ)　土くさいじめじめした暗い感じ。

㈡　しんみりとおちついて静かな感じ。（大阪大学）

（一）「りんごはメラシの丹精だ。」→暁方りんご畑に急ぐメラシ。指先をいたわりながら。→りんご畑。→りんご畑で働くメラシ。

（二）問一は、正確な読解力を見るものとして好適な設問である。問二もよく工夫されている。問三、問四は幾分の発展的要素を加味しているが、けっして無理な注文にはなっていない。この設問に答えられる程度の鑑賞力は、万人に必要であろう。

（三）簡単な問題文と、それに即した多面的な設問との調和において、すぐれた出来ばえを示しているものの一つである。この問題を考えることから、ふだんいいかげんに読んですましている、解り切った表現のうちにも、実は問題はいくらでも内在しているのだということを悟ってほしい。

【四〇】次の文の後には、数行の文が省略されているが、その意味を汲んで、後に掲げた1・2・3……の中から次の文の論旨とあうもの四つを選んで、その記号を〇で囲みなさい。

一つの思想が実際生活に対してアクティブなものとなるためには、現実の意識が新鮮であり、現実に対する関心が強烈でなければならないことはいうまでもなかろう。結局それは現実にどれだけの覚悟をもってふみとどまるかということになる。現実への関心が大切だということが如何に一般化されているかは、たとえば、非現実的という言葉をとってみればよくわかる。それはその内容が何であるかを問わず、非現実的というだけで非難の調子を帯びているのが常だ。では人は果たして現実そのものをそんなに確実に捉えているであろうか。現実を尊重し、現実を現実ならぬ何もののぎせいにもしまいとする立場は、現実主義とよばれているが、所謂現実主義は現実をそんなに確実に捉えているであろうか。実際のところ、現代の現実主義は目前の利益や享楽や好奇などのためには、人間の存在をどのようなものにしてもかまわない、というような形態をとりつつある。極端にいえば、現実にこの手にとることのできる利益や享楽や好奇などのためには、高遠な人生の理想とか生活の倫理というようなものは、どうでもよいではないかというのである。といって、人はこの現実の中へいきなり猪突しようというのではない。それについて熱心に思慮工夫をこらすのだが、しかしそれはどこまでも現実の目標をこの手でつかむためだということをはずさない。つまりどこまでも形式主義にこだわることのないように、現実本位の立場にとどまろうとするのであって、いつもその目標をとり逃さないような弾力のある身構えを忘れない。わるくいえばいつも得失を計算していること、よくいえば決して窮地に陥らないような柔軟性をもっていること、これが所謂現代の現実主義のゆき方であろう。

1　現実の動きに対処して、常に功利的な身構えを失わず、現実と自己との緊密な調和性をはかる。

2　現実の現象分析に止まらず、その現実の背後に存在する現実の深層を認識する。

3　現実の目標をつかむため、即ち目前の利益や享楽・好奇のために、形式にこだわらない現実本位の形態をとる。

4　人生の目的を理想化し、生活を美化し、現実との闘争をつとめて回避しながら、孤立を怖れてはならない。

5　人生の理想を追求する場合、まず生活の経済的安定が前提となり、そのためには倫理の功利性を主柱とする。

6　人生の目的（理想像）を設定し、その目的を達成する手段として、現実に対処する方法を求める。

7　あくまでも現実との調節を第一としながら、しかも決して現実に流されることなく、自己の形成につとめなければならない。

8　常に現実に即して行動し、計算し、弾力のある思慮に即して生活の工夫を試みる。

9　人生の目的のみにこだわらず、目前の現実に対して融通無礙《むげ》に生活の転換をはかる。

10　一つのイデオロギーをもって現実闘争を繰りかえし、常に時代を変革し、これを指導しなければならない。

11　時代と現実を尊重し、時代と現実の要請に応えながら、常に時代と現実に対する批判性を失わない。

12　時代の思潮風俗に迎合し、時代感覚を身につけて現実に対処し、常にその先端を進むことを心がける。（慶応大学）

(一)　思想の現実的意味は、現実への関心の強烈さから生まれる。→現実への関心は非常に一般化されている。（非現実的ということばのあつかわれ方の例）→それなら人は果して現実を確実に捉えているであろうか。所謂現実主義は信頼できるであろうか。→現代の現実主義は、事実自分の手にとることの出来る利益や享楽のためには、理想や倫理などはどうでもいいという形をとりつつある。→といっても、現実に関する工夫がないのではないが、その工夫が、利益や享楽をつかむため、そのための弾力の保持という範囲をでない。それが現代の現実主義である。

(二)「何がきかれているか」を正確につかむことができるかできないかが致命的である場合の好例と言える。「この文の後には、数行の文が省略されているが」と何気なく記されているところに、実は解決の鍵が忍んでいるのである。筆者は、現代の現実主義をけっして全面的に肯定しているのではない。そのあまりにも功利的な、あまりにも現象的な性格に明らかに批判的であることは、「高遠な人生の理想とか生活の倫理というようなものは、どうでもよいではないかというのである。」ということばに徴しても疑うことはできない。そうだとすれば、一応現代の現実主義の性格を規定した「この文の後には」当然、理想や倫理への関心を説くことになるはずである。しかし、ここで誤解してならないことは、だからといって筆者は、現実主義をけっして全面的に否定しているのではないことである。冒頭の一文がそのことをよく物語っている。すると、「この後には」恐らく、現実主義と理想・倫理との何等かの調和がとかれるにちがいないという推定が自然に浮んできていいはずである。

(三) 幾分むつかしいように感じられるかもしれないが、それは主として形式的な面からくるのであって、述べられていることがら自身はけっして難解ではない。むしろ、生々とした問題意識にとっては、これは自己自身の問題である。そこがこの問題のよいところである。

【四一】 次の文章を読んで、後の問に答えよ。

私は芸術をその社会的基盤から見るだけでそれを理解しえたもののように考える考え方に組する者ではない。芸術には芸術の世界があり、その芸術の世界にはこれを芸術の自己運動と呼んでもよいダイナミックなメカニズムが支配している。絵画についていえば、セザンヌ以後の西欧絵画の変貌には、その自己運動の跡づけをしない限り理解を絶するものがある。ピカソの天才の変貌にもそれをわれわれは見なければならぬ。ピカソ自身は自己の芸術について発展の観念を拒否している。しかし芸術家が自己意識の上で拒否するものをも、時には認めなければならぬのが批評や歴史の立場である。芸術は昔も今も意識下の深層心理に一層多く依存して来た。「私は私である。」「私の魂は暗い森である。」「私の知られている自己は森の中の小さな切開きほどもない。」「神々が、見知らぬ神々が、その森から知られている自己というその切開きにやって来てはまた帰って行く。」「私は彼らに勝手に来たり行ったりさせる勇気をもたねばならない。」こうある小説家は自己の信条を述べているが、私はそれをすべての近代芸術家の信条であるとさえ考えてよいと思っている。ピカソは誰よりも自由に放胆に、その「見知らぬ神々」の往来に自己を任せた芸術家であった。しかしその「見知らぬ神々」が、動物から人間への長い進化の過程の中に生れたものであると共に、社会の状況の中で自らも常に変貌しているものであることを私は信じている。

問一　批評家や歴史家は「芸術家が自己意識の上で拒否するものをも、時には認めなければならぬ」のはなぜか。右の文中からその説明として最も適当と思われる文（一つだけ）を抜き出せ。

問二　右の文中で「見知らぬ神々」と同じ意味を表わしている言葉をしるせ。

問三　「私の魂は暗い森である。」というのはどういう意味か。左の解釈の中で正しいと思われるものの符号（一つだけ）を○で囲め。

(イ)　私の魂は憂うつである。

(ロ)　私の魂は永遠の放浪者だ。

(ハ) 私の精神は暗い世界の中にとざされている。
(ニ) 私の魂には神秘なものがひそんでいる。
(ホ) 人生は不思議なもので満たされている。

問四 芸術は二つの要素から生まれるとこの文の筆者は考えている。その要素とは何か。文中からそれを表わしていると思われる語句（それぞれ一つ）を抜き出せ。（早稲田大学）

(一) 私は芸術を社会的基盤から見るだけでそれを理解し得るとは考えない。→芸術には芸術の世界があり、芸術の自己運動がある。→芸術家は往々自己の芸術について発展を認めない。ピカソの如く。→しかし、批評や歴史の立場は、芸術家が自己意識の上で拒否するものをも時には認めなければならない。→例えば、ある小説家のことばのように、たしかに芸術は「私の魂は暗い森」のいとなみである。そして「見知らぬ神々」がそこへ来ては帰ってゆく。→しかし批評や歴史の立場からは、その「見知らぬ神々」そのものが、歴史と社会の中に生まれ、変貌するものと考えられる。

(二) 全文を通じて、筆者の主張はおよそ三段の展開を示している。第一は、芸術を社会的にだけ見る立場の否定、第二は、逆に、芸術の自己運動の肯定。第三は、芸術の自己運動そのものが、歴史的社会的に制約されたものと見る考え方。この第三は、第一・第二の統合であり、その中には、第一・第二が、ともに批判的にとり入れられているわけである。そういう構成をはっきりつかんだ上で設問にのぞむべきである。ことに**問四**は、直接に右のごとき理解をたずねている。

(三) 芸術観における二つの立場の対立は、今日においてもはっきり見ることができる。それは「芸術のための芸術」と「人生のための芸術」との対比と言いかえても、そんなにちがいはない。それらについては私は先に記した。この問題は、そういう点についてどの程度考えることができるかを、諸君に問いかけている。設問も自然で、いい問題である。

後記にかえて

1　近代文学をどう読むか

明治二十年前後、坪内逍遙の「小説神髄」と二葉亭四迷の「浮雲」に始まる日本の近代文学を貫いて流れているものは何か、それをどうしてつかむか——つまり近代文学をどう読むかに関しても、その答えはけっして単一ではありえません。まずそのことから考えてゆくことにしましょう。

例えば、日本の近代文学の流れは、近代的自我の確立の過程である、と考えることができます。日本の場合に限りません。一般に近代文学とはそういうものであるはずです。しかし、日本の場合は、逆に、近代的自我がついに確立されなかった過程として考えることもできるのです。またそれを、西洋近代文学の摂取の過程として見ることもできますし、あべこべに、強い西洋文学の影響にもかかわらず、根深い民族的伝統がそれを次々に日本化していった過程と考えることもできましょう。ジャーナリズムが次第にその機能を拡大していった歴史と見ることもできますし、読者層の拡大の歴史とも見られます。リアリズムの展開として考えることもできますし、ロマンチシズムの展開と考えてもさしつかえはなさそうです。日本近代文学という実体は一つですけれども、その視点は決して一つではありえないのです。

それでは、それらの中から、どういう視点をえらび出すべきでしょうか。何よりも先に心にとめておいてほしいことは、それが、結局、読者の自由にまかされているということです。読者は、自己に一番適切な、一番興味のある視点を、みずから設立すればよいのです。

しかし、現在を生きるものの関心・興味は、その現実の生活によって左右されずにはいないということも疑いえない真実です。そうだとすると、現在という一つの歴史的時期における人間生活への共通の関心、共通の興味が、やがて、現在の視点を決定する働きを持つにちがいないという考え方が、自然に浮かんでくることになります。自由な、個々の関心が、おのずから特定の、共通した方向に向かおうとする傾向が、そこに生れるのです。現在のわれわれに共通の関心の一つ、むしろ最も根本的な関心は、戦後初めてわれわれの手に帰した人間的自由を、どうして定着させるかということです。今日のわれわれは、自由の重みによろめきつつあると思います。さまざまな社会現象を通じて、われわれは、この根本的な問題の所在を知らされつつあります。そしてこのことは、戦前までの日本人のかつて知ることのなかった苦しみなのです。だからこそそれは、現在に個有の関心なのです。

「私は何ものでもなく、何ももっていない。光と同様に流浪の身であり、石や水のうえを滑っていく。そして何ひとつ、絶対に何ひとつ、私を阻《はば》みもしなければ、私を埋めもしない。外だ、外だ。世界のそと、過去のそと、私自身のそと。自由とは流浪である。私は自由であるように呪われているのだ。」（『存在と死』）

これは、戦後の日本文学に大きな影響を与えた、フランスの作家ジャン＝ポオル・サルトルのことばです。「自由であるように呪われている」ことに対する不安は、現にわれわれの周囲に、さまざまな形で現れています。日本人は、自由に慣れず、孤独に弱いのです。だが、ここではっきり考えておかなくてはならないことは、サルトルの嘆きは、近代的自由のたどりついた最後の到達点であり、現にわれわれの感じつつある不安は、初めて真に近代的自由を獲得したその入口におけるとまどいであるということです。だからこそ、現在におけるわれわれの共通の関心は、そういう不安の克服、いいかえると、真に近代的な新しい伝統の確立であるべきだと考えるのです。われわれは、本当に近代的な人間とならなければなりません。そしてそれは、われわれの決意にまかされているのです。このことがどんなに大きな歴史的意味を持っているかということは、明治時代から大正時代、ひいては昭和戦前までの日本がどんな状態にあったかを知ることによって、何人にもはっきり理解できるにちがいありません。

「第一、日本程借金を拵《こし》らえて、貧乏震《ぶる》いをしている国はありゃしない。此借金が君、何時になったら返せると思うか。そりゃ外債位は返せるだろう。けれども、それ許《ばか》りが借金じゃありゃしない。日本は西洋から借金でもしなければ、到底立ち行かない国だ。それでいて、一等国を以て任じている。そうして、無理にも一等国の仲間入りをしようとする。だから、あらゆる方面に向って奥行を削って、一等国丈の間口を張っちまった。なまじい張れるからなお悲惨なものだ。牛と競走する蛙と同じ事で、もう君、腹が裂けるよ。其影響はみんな我々個人の上に反射しているから見給え。斯う西洋の圧迫を受けている国民は、頭に余裕がないから、碌《ろく》な仕事は出来ない。悉《ことごと》く切り詰めた教育で、そうして目の回る程こき使われるから、揃って神経衰弱になっちまう。話をして見給え大抵は馬鹿だから。自分の事と、自分の今日の、只今の事より外に、何も考えてやしない。考えられない程疲労しているんだから仕方がない。精神の困憊《こんぱい》と、身体の衰弱とは不幸にして伴《とも》なっている。のみならず、道徳の敗退も一所に来ている。日本国中何所を見渡したって、輝いてる断面は一寸四方も無いじゃないか。悉く暗黒だ。」

これは、夏目漱石の作品「それから」の主人公長井代助のことばです。「それから」は、明治四十二年に朝日新聞に連載された作品で、主人公代助は、作者漱石の精神の一面を分け持った人物です。すでに日露戦争に勝って、世界の一等国とほこった日本の実体が、漱石の鋭い目でここに鋭くえぐり出されています。日本の近代のあわただしさ——明治十年代の自由民権運動、二十年前後における火のような欧化熱、三十年代のロマン主義、そして四十年代の自然主義の激しい運動、それらのすべてを経過して、いぜんとして日本の社会は、漱石の目には「悉く暗黒」だったのです。漱石は代助の口を通して、主として「日本対西洋」の関係からそのことを言いました。しかし、問題はけっしてそこに止まりませんでした。

「自然主義者は何の理想も解決も要求せず、在《あ》るが儘《まま》を在るが儘に見るが故に、秋毫《しゅうごう》も国家の存在と牴触《ていしょく》する事がないのならば、其所謂《いわゆる》道徳の虚偽に対して戦った勇敢な戦も、遂に同じ理由から名の無い戦になりはしないか。従来及び現在の世界を観察するに当って、道徳の性質及び発達を国家という組織から分離して考える事は、極めて明白な誤謬である――寧《むし》ろ、日本人に最も特有なる卑怯《ひきょう》である。」

これは、同じく明治四十二年の十二月、雑誌「スバル」に掲げられたエッセイ「きれぎれに心に浮んだ感じと回想」の一部です。筆者は石川啄木です。ここに暗示されている事実は非常に重要ですが、今それを簡明に言うと、明治の日本は近代国家であることを自ら疑いませんでしたが、しかし、そこには、近代国家に当然認めらるべき個人の自由が存在しなかったということです。日本では国家がすべてでした。学問も芸術も道徳も、結局は国のために存在し、何が正しい学問か、何が正しい芸術・道徳であるかを最後に決定するものも国家でした。西欧の近代国家においては、すべて私的な問題として個人の良心にゆだねられた学問や芸術や道徳が、日本ではすべて「国体の精華」の中に包まれていたのです。「国体の精華」というのは、二十三年に発布された教育勅語の中のことばです。だから、もともと個人の営みであり、個人の自由にもとづかなければならなかった作家や詩人たちは、一面個人の解放を求め続けると同時に、他面いつでも国家の束縛に苦しまなければなりませんでした。漱石は「悉く暗黒」な日本を改めるとともに自己を確立したいと願い続けました。そこから漱石の作品が次々に生み出されていったのです。そういう漱石の力一杯の叫びにもかかわらず、本当に明るい、本当に人間らしい社会は容易に実現しませんでした。漱石は「自己本位」から「則天去私」への道を、ひとりでたどらなければなりませんでした。啄木の場合もそうでした。「時代閉塞の現状」(四三)を嘆きつつ四十五年、淋しく死んでゆきました。日本における自由への道は、常にけわしく遠かったのです。そしてそのことをはっきり国民に告げたものが、四十三年に起った幸徳秋水事件でした。社会改造を目指すような、個人の自由を求めるような、近代的なさまざまな思想は、すべて日本国家によって激しく嫌悪され、圧迫されたのでした。今日のわれわれの「自由の重味」の問題の歴史的な新しさも、もう大体おわかりになったと思います。

しかし、それにもかかわらず、作家たちは一歩一歩自由への道を切り開いてゆきました。大正期に入り、自然主義に代って文壇の主流を占めた耽美派、それに続いた白樺派の文学が、そのことをよく物語っていました。ことに白樺派の自我主義は、かつてない明るさをもって輝きました。
我は今の日本に
悲観すべき理由を認めず
今の日本を以て
最も面白き国と思いおるなり。
日本が思想上偉大なることをなし得る時はこの五十年の内なるべし。
我はしか信ず。
しか感ず。

これは、白樺派を導いた武者小路実篤の詩「希望に満てる日本」の前半です。そしてこの詩は、「それから」が書かれて後二年、四十四年の作です。漱石の暗さに対してこの明るさが、なんときわ立った対照を示していることか。そして大正時代は、いわゆる「民本主義」の時代でした。「民本主義」というのは、言うまでもなくデモクラシイの訳語でした。だから今日の民主主義と同じものを指していたはずです。しかし、そういう訳語にも、大正時代の自由の限界が明らかに物語られていました。天皇制の下では「民主」という訳語は許されなかったのです。白樺派の明るさは、そういう現実の壁の向こうにではなく、その上に実現されたといっていいのです。白樺派は、主に学習院出身者の集団でした。こういう大正文学の行きどまりが、葛西善蔵によって代表される「心境小説」であったことも、一つの自然でした。そして大正文学の星であった芥川龍之介――漱石晩年の弟子の一人――は、昭和二年の夏、自らの手でその命を絶ちました。社会から孤立して生きなければならないものの宿命がそこに見られました。そういう芥川の死は、そのまま、大正文学の終末を物語ってもいました。と同時に、そこから、昭和文学の新しい生命がわき上ってきました。それは明治・大正の文学とは全く異った、新しい角度を持った文学でした。新しい角度とは、個人の自由をしっかりと抑え続けた国家権力そのものへの抵抗が、文学の上でも始められたことを指します。それがどんなに新鮮なものに映ったかは想像以上のことでした。

「彼らを捕えた熱情は、過去の日本の青年たちがいかなる場合においても、決して感ずることのできなかった種類のものであった。……おおらかで素直な上代の生き方が、中世以来、封建性の確立で組み立てられた枠《わく》に厳しい変態を強いられつつも、なおそれなりに魅力ある思想と情緒を見出した。彼らが若い武士となった時は、主君の馬前に悦んで討死した。しかも戦いつつある敵に塩を送る雅量と、寛闊を賛美することを知っていた。義務と責任の遂行には、いつでも腹を割《か》っさばく覚悟を忘れず、果ては道義の究極の燃焼として、武士道とは死ぬことと見つけた。……

彼らはまた宗教においても鈍感ではなかった。神仏は矛盾なく信仰に溶けあい、遅れて渡って来たキリスト教さえ、その迫害と禁止が昔話となった明治時代においては取りわけそうであったが、生新な、西欧的文化を道伴れにしていたことにより、真に宗教的な求道者でない青年たちをも、一種教養の色彩でひきつけた。一世紀まえの父祖が、孔孟の格言をなにかにつけて語り出すのと同じ調子で、彼らは聖書のさまざまの言葉をたやすく口にのせた。

『人はパンのみによって生くるものにあらず。』

それもその中から学んだ一句であった。精神生活の、高貴と重要を見事に説いたこの言葉は、パンを極度に無視しているようで、人の世の営みにパンがいかに大切であるかを前提とした時、意味が一層深まるのを鋭く思いめぐらすことのできた青年も、ではそのパンが、人々の口に運ばれるまでには、どんな筋道を通って来るか、或るものには食べきれないほどのパンがあり、或るものには一きれのパンも手にはいらない奇妙な歪曲《わいきょく》は、どんなからくりで起きるかは知らなかった。富んでいるとか、貧しいとか、よく稼《かせ》ぐとか、怠けるとか、もしくは運とか、不運とかで素朴にかたづけられていたこれらの問題を、彼らに科学的にはっきり分析して見せたのは、経済学のいわば新しい聖書となった、一人のドイツ人の著作である。青年たちははじめて人体の解剖図のまえに立たされた子供たちと同じく、愕然《がくぜん》と眼を見張った。」

これは野上弥生子の長篇「迷路」の冒頭の一節です。この部分は、はじめ「黒い行列」という題で、昭和十一年に書かれたものですが、ここに記された「新しい聖書」を前に

「愕然として眼を見張った」青年たちの姿は、昭和初年のものでした。昭和初年の青年たちが、「過去の日本の青年たちがいかなる場合においても、決して感ずることのできなかった種類」の熱情に激しくとらえられたということ、そのことのうちに、昭和文学の新しさがあったのでした。昭和の初めの十年間は、プロレタリア文学の全盛期でした。そして、昭和十年は、その消滅の時でもありました。それがどんなに文壇に勢力をふるった時でも、マルキシズムが国禁の思想であることに変りはありませんでした。それがまた青年の情熱をかき立てる一つの理由でもありました。しかし、昭和十年を境として、権力によっておしつぶされた左翼作家たちは、転向という苦しい道を歩まなければなりませんでした。いわゆる転向文学がそこに生れました。「生活の探求」(一二)の必要は島木健作一人のものではありませんでした。ご承知の通り、戦後の今日においては、日本共産党は、合法的な政党です。少数ではあるにしても、議会にも人を送っております。戦前と戦後の決定的なちがいは、この一事によっても明らかでしょう。そして今日われわれは、個々の良心にゆだねられた内容的価値——学問や芸術や道徳——に関して、かえってあるとまどいを感じつつあります。自由の重みによろめきつつあります。そして戦後もう三十年を経過してしまったのに、まだ、新しい権威を内に確立しえないでおります。

以上の記述において、私は、漱石と啄木と実篤と弥生子と、四人の作家のことばを引用いたしました。それぞれに興味深く、私の記述の有力な支えとなってくれると信じたからでした。しかしそれだけの意味で引いたのではありません。もう一つ考えてほしいことがあったからです。それは、芸術の中で、文学、ことに小説は、一番人間くさい芸術であるということを知ってもらいたかったのです。小説とは人間の描写です。人間による、人間のための、人間の描写――それが小説です。だから小説には、人間生活のすべてがあるわけです。人間の喜怒哀楽は、そのまま小説の素材です。小説の特色、ことに近代小説の特色は、当然この人間くささの中に見られてよいことになります。明治時代の日本人の喜びや悲しみは、明治時代の小説に、大正人のそれらは大正期の作品に、昭和人のそれらは昭和文学のうちに。私はそういう姿を、それぞれ、漱石、啄木、実篤、弥生子のことばによって暗示したかったのです。昭和時代は第二次大戦を中にはさんで、その前と後とで大きく相違しました。そこには当然生活の明暗がありました。戦時中の作品と戦後今日の作品とには、そういうちがいがまざまざと刻《きざ》みつけられているはずです。

このように、近代文学を、そこにさまざまな形で刻みつけられた、それぞれの時代の人間生活――その喜びや悲しみにおいて考えるということは、すでにそのことの内に、一つの目的をふくんでおります。われわれは何のために小説を読むのか――今日を生きるわれわれ自身の自我確立のために。そして、そこからまた自然に、小説をどう読むかの答えも生れてくるはずです。

われわれは、今日、自由の重みによろめきつつある。だからわれわれは、われわれの近代人としての不動の足場をうち立てなくてはなりません。そういうわれわれにとって、近代の文学は、この上ない支えを与えてくれています。何故なら、そこには、われわれの先輩・祖先にあたる人々の精一杯の生き方が提示されているからです。そういう近代の諸作品を前にして、まず第一になすべきことは、読者と作中人物とを重ね合わせ、一体化するということです。これは一見素朴な読み方と思われるかも知れませんが、およそ読むという営みの生命がここにあるのです。読むということの本当の面白さは、そこからしか生れません。逆に、いったん作中人物と一体化した精神は、そのことによって自然に自分を高め、深めているのです。そういう精神は、意識せずとも、作中人物の喜びや悲しみの個性を感じ取ります。言いかえると、明治の人の苦しみと大正の人の苦しみとのちがいを、大正の人の悲しみと昭和の人の悲しみとのちがいを、見分けます。すでにそれは、作品の歴史性の理解です。この作品の歴史性に気づく時、小説への興味は、一つの飛躍を示したことになるのです。われわれの前に置かれた作品を、その作中人物の哀楽を通じて歴史的に理解しえた時——その時、その作品はわれわれに、今日を生きる力、未来に目ざすべき方向を正しく告げてくれるにちがいありません。作家それぞれの言い方において。このことは、信じていいことです。

2　近代文学の何を読むか

何を読むべきか――自分の読みたいものを、本当に自分の読みたいものを。結論はこれでつきたのです。何を読むべきかに時を過ごすよりは、その間にも何かを読んだ方がいいのです。たとえすぐれた作品でも、それがすぐれたものであればあるほど、本質的にむつかしいのです。誰にでもすぐ面白いというわけにはゆかないのです。逆に、それほどよい作品といえないようなものでも、ある人にとってはそれが一番面白いのです。いずれにしても、文学を読んで、面白くなくては無意味です。そうだとすると、ここに「何を読むべきか」と題して、いくつかの作品を挙げることには、あまり意味がないことになります。それはその通りです。それを知りながら、ここに十五の短篇をあげようとするのは、次の二つの理由によってです。その第一は、この本の読者が、大学受験を目ざしつつある忙しい人々だということです。その第二は、近代文学の無数とも言える作品群の中には、そういう年若い人々の文学開眼に比較的適したものと、比較的適さないものとがたしかにあるからです。もちろん、それも、一般的な話です。それでも、次にあげる十五の珠玉の中の一つや二つは、必ず君たちの目にも美しく楽しいものに映るにちがいないと思います。私は文学史的常識を離れて、君たちの年ごろであった昔の私にかえって選びました。結果的に大正期の作品が主となりましたが、これは、短篇をとりあげようとしたことによります。大正時代は短篇の時代だったわけです。

(1)「春の鳥」　国木田独歩　一九〇四

明治三十七年三月、「女学世界」に掲げられた作品。独歩は、よく知られているようにイギリスの詩人ワーズワースの影響を強く受けた人でした。そしてワーズワース風の作品をたくさん書いています。それらの中で、この「春の鳥」は、一番色濃くその傾向の感じられる作品です。城の高い石垣の上から、「春の鳥」となって空中に飛び、墜落して死んだ白痴の少年六蔵。その子供の死を、かえって幸いだと言いながらも涙を止めえぬ母親。そういう悲しみをとりまく自然の美しさ、静けさ。この作品の背景になっているのは、大分県佐伯の城山です。その町には、独歩は明治二十六年に、鶴谷学館という学校の先生として赴任しています。六蔵にもモデルがあったようです。

(2)「夢十夜」　夏目漱石　一九〇八

明治四十一年七月から八月にかけて、「東京朝日新聞」に掲げられた小品です。題名通り、「第一夜」から「第十夜」まで、漱石によって思い描かれた夢がつづられています。もちろん、現実に夢みて、その記憶を記したものではありません。夢の形をかりて、漱石は、自分の心に宿っている十個の種を取り出しているのです。やがてその種は、いろいろな形に育ち、あるものは花を咲かせ、あるものは実をつけました。中には、いつまでも一つの黒い種として残ったものもあったようです。「第一夜」の温い顔色をして「もう死にます」という女、「第三夜」の「盲目」の小僧、「第六夜」の「仁王を刻んでいる」運慶——どれ一つをとっても、不思議な美しさで輝いています。青い星のようです。宿命の星だったかもわかりません。

(3)「麒麟《きりん》」　谷崎潤一郎　一九一〇

明治四十三年十二月、同人雑誌「新思潮」(第二次)に掲げられた作品で、谷崎の最初期のものの一つです。自然主義風の暗い現実の描写に文学を感じることの出来なかった谷崎が、時を得て、自分の文学を書き始めた、そういう状況にあるものの情熱が、色濃くにじみ出ている作品です。まるで原色版の絵を見るようなあざやかさで、谷崎は、衛の霊公を中にはさんだ大聖孔子と毒婦南子夫人の争いを描いております。そして、霊公をその美の魅力によってとらえ、孔子を追放することに成功するのは南子夫人なのです。谷崎のその後のすべての作品をつらぬく性格——美のために——は、実にこの作品の主題でした。だから谷崎文学の立場は耽美主義と呼ばれるのです。

(4)「清兵衛と瓢簞《ひょうたん》」　志賀直哉　一九一三

大正二年一月一日の「読売新聞」に掲げられた短篇。瓢簞が好きで好きでたまらない少年清兵衛と、それを苦々しく思っている父や先生との対立の物語です。子供に何がわかると考えている大人と、大人のくせに何もわかっていないと思っている子供の対立です。そして、瓢簞に関する限り、清兵衛の目は、大人よりはるかに確かでした。だから清兵衛には自信がありました。それが大人を怒らせます。父は子の苦心して集めた瓢簞をみんな割ってしまいます。しかし、作者は明らかに清兵衛の味方でした。清兵衛が先生にとりあげられた一つを、六百円という大金で売れたと作者は書いています。作者自身、激しく父と争いつつあったからです。日本の短篇の完成者と見られるこの作者のものの中でも、特に完成した作品の一つです。

(5)「安井夫人」　森鷗外　一九一四

大正三年四月、雑誌「太陽」に掲げられた作品。鷗外の歴史小説の一つ。幕末の儒者で、息軒《そくけん》先生として世の尊敬を集めた安井仲平《ちゅうへい》の妻佐代が主人公です。美しくて頭のいいお佐代さんは、人々に怪しまれ、当人をも驚かせて、片目のみにくい仲平の妻になります。そして、長い、困難な結婚生活を通じて、無心に、一筋に夫仲平のために尽しました。一体お佐代さんは何を望んでいたのでしょうか。「瞑目《めいもく》するまで、美しい目の視線は遠い、遠い所に注がれていて……」と鷗外は記しています。それが鷗外の心に、ある感動を呼びおこしたことは疑いありません。描写も透明で温かく、短いこの作品の中で、お佐代さんの少女時代から、その死までが、静かに語られています。

(6)「羅生門」　芥川龍之介　一九一五

大正四年十月「帝国文学」に発表された作品。平安朝の昔に材を採った、いわゆる王朝物の最初の作品です。「今昔物語」の「羅生門の上層に登りて死人を見たる盗人の話」をもとにして構成されたと考えられます。しかし、この作品の主題は、けっして古い風俗の描写には置かれていません。大正期の人間生活の根底にひそんだ一つの不幸に、作者の目はまっすぐに注がれています。この作品は未だ芥川を文壇に登場させるには至りませんでしたけれども、やがて翌大正五年二月、第四次「新思潮」創刊号にのせた「鼻」は漱石の激賞を受けました。それが芥川の出世作となりましたが、それもまた「今昔物語」に材を求めた作品でした。

(7)「生れ出づる悩み」　有島武郎　一九一八

大正七年四月「大阪毎日新聞」に掲げられ、同じ年の九月、「有島武郎著作集」第六輯として、完結した形で出版された作品です。「凡て誕生を待つよき魂に対する謙遜な讃歌を唱えようとした。」と、この作品について有島は語っています。何を目ざし、何を訴えようとしたかは、このことばに尽きていると思います。そうすると、題名中の「悩み」とは、けっしてただ単に苦しいこと、ただ単にいとわしいものを意味していないこともおわかりになるはずです。それは、真に「生れ出づる」価値におのずからつきまとってくる苦しみなのです。だからこの作品は、本質的に明るい。北の海に漁夫として働く青年の姿に注がれた有島の目には、白樺派のヒューマニズムが輝いています。

(8)「忠直卿行状記」　菊池寛　一九一八

大正七年九月「中央公論」に掲げられ、菊池寛の名を文壇に確立した作品です。第四次「新思潮」の仲間の芥川龍之介や久米正雄はすでに文壇の人でした。菊池の無名作家時代は、彼の友達の場合より長く、そこに一つの苦しみがあったことは否定できません。そういう菊池が、歴史の中で暴君と断定されている越前少将忠直をとりあげ、その誠実で正直な人柄が、封建の世の非人間的な道徳にゆがめられてゆく経路を明確に描いたのです。ここに見られる主題の明確さは、やがて新現実派共通の性格となりました。「テーマ小説」ということばも生れました。材料は古いけれども、そこに表現されているものは明らかに、大正期市民精神にほかなりませんでした。

(9)「桃源にて」　武者小路実篤　一九二二

大正十一年九月「中央公論」に発表された作品。三幕から成る戯曲ですが、その全体が一つの短篇ほどの長さです。登場人物も、主要なものは四人、山中にせっせと桃を植えている「男」と、その弟の「少年」と、後にその少年の妻となる「少女」と、それに一人の「老人」と、それだけです。この四人の登場人物を、まるで童話の世界でのように単純に結びつけながら、この戯曲の告げているところは、深く美しい人間的真実です。武者小路は、小説よりも戯曲に、その作家としての手腕をよりよく示しているようです。この作品も、そのことをよく物語っています。短い中に、人生の目的、生き方、悲劇、別離、再会、友情等々、さまざまな知恵が生き生きと盛りこまれています。「桃源」の桃の花盛りのように。

(10)「御身」　横光利一　一九二四

大正十三年五月、第一作品集「御身」に収められた作品ですが、書かれたのは十年のことでした。横光利一というと、すぐあの風変りな表現を生んだ作家――新感覚派の中心に立った人という風に考えられるのがふつうです。たしかに横光の出現は、新感覚派の作家としてでした。しかし、そういう横光に、この作品のような、自然で、素直な作品がすでに書かれていたということには、見のがすことのできない大切な意味があります。湖を見下す裏山にくりひろげられる、人妻である姉とその弟との親和の何という美しさであることか。そういうやさしい心を、横光はたしかに内に持ち続けた人でした。青春の日の純潔な心も、香り高く流れています。だからこそ横光は、そういう自分に叛逆したかったのです。

⑾「檸檬《れもん》」　梶井基次郎　一九二五

大正十四年一月、同人雑誌「青空」の創刊号に掲げられ、後に梶井の代表作と目されるにいたった作品です。「えたいの知れない不吉な塊《かたまり》」に始終おさえつけられている主人公の高校（旧制）生は、京都の夜の町をさまよいつつ、ついに一個のれもんを手にすることによって、精神の高揚を感じます。こう言えば、この作品が、川端康成の「伊豆の踊子」と本質的に近いものであることが自然に明らかとなるでしょう。しかし、踊子とれもんの間には、もちろん相違があるはずです。いいかえると、川端の孤独と梶井の不安との間にも、はっきりちがいがあるのです。そこには、歴史の影もさしています。二人の年齢のちがいです。どちらがいい作品かではなしに、「檸檬」の方がより新しいのです。

⑿「伊豆の踊子」　川端康成　一九二五

大正十四年一、二月の「文芸時代」に発表された作品。大正十二年の関東大震災は、文壇にも大きな影響を与え、「震後派」ということばさえ生れました。昭和文学はここから出発したのです。その新しい傾向の一つは、プロレタリア文学、もう一つは新感覚派文学でした。川端康成は、横光利一とともに後者を代表しました。しかし、川端のこの出世作には、それほど新しい表現上の試みは見られません。むしろ、若い、孤独な魂が、無知な少女に「いい人」と言われたことで救われる過程が、伊豆の自然を背景にしみじみと語られているところに、独自の美しさがあります。作者の孤独の深さが、この作品の生命の源だったのです。そして、伊豆は、川端の第二の故郷となりました。

⒀「セメント樽の中の手紙」　葉山嘉樹　一九二六

大正十五年一月「文芸戦線」に発表されて、葉山を一躍プロレタリア文壇の中央に推し上げた作品です。当時作者は、木曾の山の中の発電所の工事場で働いていました。松戸という名前で出てくる労働者には、作者の影が宿っていると考えていいわけです。その松戸が、ある時セメント樽の中から小さな木の箱を見つけます。ボロにつつまれた手紙がその中に入っていました。その手紙が、つまりこの作品なのです。プロレタリア文学の最初の時期の、鋭い中にも温い人間味のこもったこの短い作品は、この派を代表すると考えられた多くの大作や力作がその生命を失ってしまった今日も、少しも古くならず生き続けています。やさしく、清らかな、そして聡明な働く少女の姿が、読むものの心に生き生きと浮かんでくるのです。

⒁「嵐」 島崎藤村 一九二六

大正十五年九月「中央公論」に発表された作品。妻を失い、残された四人の子供を苦労して育ててきた主人公は、明らかに藤村その人です。その主人公である父は、長男に農業をすすめて郷里に送り、画家を志す次男をもその兄のもとへ帰します。三男も娘も、もうそれぞれ自分の道を歩きはじめようとしています。関東大震災や、社会主義問題などで、日本の社会には黒いうずが立ちこめていました。その中で、男手一つで育て上げた四人の子供たちを守り通そうとする父でした。そういう家庭の明暗が、静かな描写で、しっかり描かれています。父の指導意識が強すぎると感じるかも知れませんが、時は「嵐」の時代です。それは子供に対する主人公の責任感の強さを物語ってもいるはずです。

⒂「絵本」 田宮虎彦 一九五〇

昭和二十五年六月「世界」に発表された作品。作中に「前年の上海事変」ということばがあることなどによって、この物語が昭和八年を現在としていることがわかります。そしてそれは、主人公「私」の大学入学の年となっていますが、作者が東大国文科に入学したのも昭和八年です。そこから、この作品が、作者の身辺に材を求めたものであることが考えられます。ちょうど、プロレタリア文学がおしつぶされる直前、世相は険悪でした。その中で苦しみながら生きる大学生「私」、新聞配達の中学生、カリエスを病む少年——明るいものは一つもありません。「私」は大学に絶望し、中学生は自殺します。しかし、カリエスの少年の目は、その澄んだ美しさを失いませんでした。人間の高貴がそこにありました。

問題の解答

【一】問一　学生の自覚

問二　(1)ロ　(2)イ　(3)ニ　(4)ハ

【二】問一　(1)死児を葬る野辺。墓場。(2)ハ

問二　ハ

問三　「毛糸にて編める靴下をもはかせ」

【三】問一　大根、冬

問二　ロ・ニ

【四】4

【五】4・6

【六】1

【七】問一　1　(3)Aのことばの終りの所。

2　「他力に依存するという傾向」

問二　1　(4)B…学問的な目で社会をつかみ、社会の中で考えながら生活すること。

(5)A…歴史を前方に押してゆくのに、自分の仕事は役立つと考えること。

2　Bは…学問　Aは…歴史

【八】此岸的なものを強調する→彼

彼岸的な、あるいは内在的な→此

外在的なものとして理解せられる→内

人間の外にあるもの→内

【九】A＝ヘ　B＝ニ　C＝ヌ　D＝チ

E＝ヲ　F＝イ　G＝カ　H＝ハ

I＝リ　J＝ヨ

【一〇】問一　「与えられたるものを人生の終局に運び行くべき試練と苦労と実現との一生」という意味において。

問二　与えられたものを実現する労苦と誠実とを標準として。

問三　「人間」の自覚を根柢とした

「天才」の自覚の場合。

問四　与えられたものを実現する労苦と誠実とを標準として人生を考える立場。与えられたものの大小強弱を標準として人生を考える立場。

【二】問一　イ＝×　ロ＝○　ハ＝○　ニ＝×　ホ＝×　ヘ＝○

問二　ロ

【三】問一　ニ

問二　個性が唯一的であることは日本の場合に限られず、あらゆる国民の個性においても同様である。未開民族の奇妙な風俗などは、最も唯一性に富むと言える。しかし、だからそういう未開民族の風俗が高い価値を持つと考えることは無論誤りである。そういう誤りをおかすことを指している。

問三　ニ

問四　与えられた個性の独自性を嫌って、それを乗り越えようとする努力そのものが、すでに個性的なものによって引きおこされたものだというのである。日本人がフランス人になりたいと嘆く、その嘆き自体が、まさしく日本人のものであって、フランス人のあずかり知らぬものだというのである。

問五　「一つの世界」

問六　(1)「一つの世界を形成すべき諸国民の連関」

(2)「いかなる国民も、他の国民を支配してはならないとともに、他の国民に支配されてはならない」

【一三】問一　A＝ホ　B＝ハ　C＝イ
a＝ホ　b＝ハ

問二　i＝ニ　ii＝ハ　iii＝イ

問三　ロ

問四　鑑賞活動の三つのうち「音楽を楽しむこと」に関する記述が全然欠けている。

【一四】取捨選択を行わない→う
深い意味をもっていない→る
利用して→ないで
デモクラチックでもあるのである→ない

【一五】(1) a・c・e・g
(2) b・f・i・j
(3) d・h・k

【一六】(1)作家というものは実にさまざまなことを考え、いろいろなことを試み、その上で、きびしく取捨し、ごく少しのものだけで作品を書くものだということ。

(2)誰々は何々派の作家などときめて、解ったつもりになっていた気持が、全集を通じて知った作家の複雑さ、多様さ、豊かさ等のために、めちゃめちゃにされてしまう。

(3)はっきりと断定して解ったつもりになる場合のあべこべで、何とも言いようのない作家の本態が、何とも言いようのないままにはっきり了承されたという場合。

(4)作家はもともと作品より大きく深いものなので、傑作にしろ、失敗作にしろ、作家と作品との関わり方においては区別がないということ。

(5)より小さくより浅い作品を通して、それを生んだより大きくより深い作家をまざまざと思い描くこと。

【一七】問一　技術の習得には、唯一の技術のみを練習するのが有利であるということが、学問の場合にも等しくあてはまるということ。つまり、学問も、一科の学を限って学ぶべきだということ。

問二　植物学・天文学・経済学等。

問三　「人間的智恵」

問四　太陽が、その照らす事物の多様から何の差別も受けないと同様に、人間的智恵も、いかに異なった事象に向けられても、何の差別も受けないというのである。

問五　人間の習俗、植物の特性、星の運動、金属の変質等。

問六　「智恵以外のすべてのもの」例は問五に同じ。

問七　人間的智恵

問八　「誤れる且つ非難すべき目的」

問九　ロ

問十　本文中に既出。

【一八】◎＝3、〇＝2

【一九】問一　A＝ハ　B＝イ　C＝イ

問二　6・7・9・10・12／1・4・8・11／2・3・5

問三　(1)人間としてのすべてを捧げつくすこと。

(2)実人生に影響力をもつものとして科学を考えたもの。

(3)ものずきから趣味的に研究される学問。

問四　「強力の干渉や利益の誘惑」に

屈することと、「逃避・偸安・自慰・好事・驕慢」に陥ること。前者は「人生のための科学」が、後者は「科学のための科学」の陥りやすいものと考えられている。

【二〇】問一　イ＝○　ロ＝○　ハ＝×　ニ＝×　ホ＝×
問二　(1)＝○　(2)＝○　(3)＝×　(4)＝○　(5)＝×

【二一】問一　「知のための知」「知識のための知識」「自己目的としての知識」
問二　第一の知識…イ・ロ　第二の知識…ニ・ヘ

【二二】1・4・6

【二三】(1)ヘ　(2)ハ　(3)ニ　(4)イ　(5)ロ　(6)ホ

【二四】C・D・E・B・A

【二五】問一　イ＝△　ロ＝△　ハ＝○
問二　抽象芸術
問三　イ＝△　ロ＝△　ハ＝○　ニ＝○　ホ＝△　ヘ＝△　ト＝△

【二六】①＝(8)　②＝(3)　③＝(5)　④＝(6)　⑤＝(11)　⑥＝(12)　⑦＝(1)　⑧＝(9)　⑨＝(11)　⑩＝(1)　⑪＝(3)　⑫＝(6)　⑬＝(12)　⑭＝(9)　⑮＝(2)

【二七】問一　出来るということを私は疑う。
問二　独断にすぎると反省した。
問三　実感をもって描き得るもの。
問四　真の文学者の存在を否定し得なかったから。

【二八】問一　(1)秋の空は変わりやすいので、傘を二本用意して、紅葉見物に行くのである。その傘二本持って、というところに、庶民的な生活に根ざした、貧を誇る風流が見られる。

(2)詩人は、美しき想像によって詩を生み、美しき想像の実現において生活を考える。

問二　A卑　B余裕　C富貴　D本領

問三　小野さんは詩人である。現代の詩人は貧を誇る風流を卑しとする。そして、美しき想像に生きるためには余裕が必要である。小野さんは金を必要とした。しかるに小野さんの詩は一文にもならない。小野さんが自分の本領を解する富める女藤尾に頼りたくなったのは自然であった。　(百二十六字)

【二九】問一　日本人に忘れられた雨の詩情を思い起させようとした。

問二　(1)「伊勢神宮に」……「チシズムだ」　(2)「西洋では石」……「れている。」　(3)「私はそれか」……「に思った、」

問三　「この間、京」……「とも語った」

問四　現代の日本人はとかく日本固有の詩情や美を忘れがちだが、たまたまそれを外国人に指摘された場合、あらたな感慨を禁じ得ない。　(五十九字)

【三〇】問一　ハ

問二　ハ

問三　ニ

問四　イ

問五　(1)イ　(2)ロ

【三一】問一　ロ

問二　ニ

問三　ハ

問四　ニ

問五　ハ

【三二】問一　病臥中の小父に見せて喜ばそうと思って。

問二　物事に屈託することのない、潑剌とした性格。

問三　さかえとの感情的なもつれが、市子を感じやすくしていたところへ、父の代から大切にしていた花を無雑作に切り取り、夫に近づこうとするさかえを見て、かなり強くたしなめるという形で、自分の感情を投げつけている。

問四　A＝ト　B＝ニ　C＝イ　D＝リ　E＝ホ

問五　a「父の生きていたころから、市子が長くなじんで来た花だ。」

b「敷居ぎわに、白い足の親指がのぞいた。素足のさきだけが、一つの生きもののように動いて、ふすまを押しあけた。」

【三三】問一　傍観者　文壇　皮肉　悲劇　破滅

問二　(1)(a)年寄のくせに……厭味をならべている　(b)自然主義連中の批評

(2)(c)鷗外　(d)自然主義の連中

(3)(e)短篇「あそび」

問三　両方とも承知していながら知らん顔をしているずるさがある点。

問四　(1)「凝っていました」という丁寧な言い方に対して、「違うらしい」という普通の言い方が出てくる点。

(2)或る若い人に訊かれたことです。』

(3)鷗外とか若い人とかいう他人と筆者とが結びついて語られる内容と、筆者自身だけの独白に近いような内容とのちがい。

【三四】問一 ×怠屈→○退屈　×復雑→○複雑
×功果→○効果　×選沢→○選択

問二 A＝ロ　B＝ニ　C＝ホ

問三 A

問四 急がばまわれ。損して得とれ。

【三五】問一 文学の特権は造型力にある。その造型力を判断する基準として「美しい」という言葉を再生させたい。（四十六字）

問二 3

問三 a「造型力」　b「問題」

問四 （甲）A　（乙）G　（丙）F
（丁）C

【三六】問一 「前の大きな鏡に映る……盃を動かしていた。」

問二 ロ

問三 (1)ロ　(2)ロ　(3)イ

問四 大正時代

【三七】問一 「形を際立たせない」

問二 (2)古風なものと新奇なもの。
(3)古風が古風になればなるほど、新奇が新奇であればあるほど、それはますます形を際立たせる。
(4)流行
(5)秩序をつくるものとなっていること。

問三 A＝ロ　B＝イ　C＝ロ

【三八】問一 生命力

問二 孤高な精神

問三 「詩壇」生命力を鼓舞する溌剌たる雰囲気に欠け、物質生活も極度に不安である。

【三九】問一　ハ・イ・ロ・ニ　ＡＢＡＢ
問二　「メラシたちは一日におおいに染まってはたらく」
問三　ロ・ハ・ヘ
問四　ロ

【四〇】2・6・7・11

【四一】問一　「しかしその『見知らぬ神々』が、動物から人間への長い進化の過程の中に生れたものであると共に、社会の状況の中で自らも常に変貌しているものであることを私は信じている」
問二　「意識下の深層心理」
問三　ニ
問四　「意識下の深層心理」と「社会的基盤」

解説――人生と研究と参考書

石原千秋

思い出話からはじめさせてほしい。

現役、大学浪人時代を通して、僕は受験勉強をほとんどしたことがない。赤本という過去問問題集を解くことを知ったのも、最後の受験の十日前だった。小説ばかり読んでいたのである。そんな僕でも、やり通した参考書が二冊だけあった。僕が受験生だった一九七〇年代には定番というか、バイブルのようにいわれていた小西甚一『古文研究法』（洛陽社）、そして成城大学教授の高田瑞穂『新釈現代文』（新塔社、一九五九・九）である。そのほかに、旺文社の大学受験ラジオ講座で同じく成城大学教授坂本浩の名講義を聞くともなく聞いていたから、僕がたった一つ合格した大学が成城大学だったのは、ほとんど運命だったと言っていい。

「鬼の坂本、剃刀の高田」――僕が成城大学に入学したときには、まだこういう言い伝えが残っていた。特に高田先生（しばらくの間「先生」と呼ばせてほしい）については、まだ前近代的な運営を行っていた成城大学を、学部長時代にドラスティックに改革して近代化したこと、大学紛争時代にはロックアウトした学生に毅然とした態度で臨み一歩も引かなかったことなどが、「神話」のように語られていた。教員も職員も、高田先生には特別なリスペクトの態度をもって接していたことが、一学生にもよくわかった。

しかし、幸いなことに両先生はすでに好々爺になっておられた。そして、大学院生に進学してからは、高田先生は僕たちには想像もつかないような、たくさんの思い出話をしてくださった。その中で、高田先生の気質がよくわかるエピソードの一つを紹介しておこう。高田先生は、明治四十三年生まれのすごくダンディーな先生だった。固有の性格というものもあったのだろうが、大正デモクラシーの時代に青年期の人格形成をされただけあって、ずいぶんリベラルな思想の持ち主だった。しかし、先生はそういう言葉は使わなかった。「僕は我が儘でなあ」と、よく口にされた。

それは、高田先生が東京府立第一中学校（現・日比谷高校）の教諭時代の話である。高田先生が府立一中に赴任したのは昭和十六年だから、「事件」が起きたのはそれ以降で、軍国主義がすでに最高潮に達していた頃である。天皇が授業の視察に来ることになったのだ。それがどういう巡り合わせか、高田先生の授業に当たった。校長は慌てて、天皇が教室に来たら生徒を全員起立させて挨拶させよと指示した。ところが先生は、授業の視察なのだからふだん通りでなければ意味がないと主張して、譲らなかった。そして、実際に天皇が教室に来ても生徒を起立させず、先生は何と教壇の上からちょっと黙礼しただけだったと言うのだ。「そうしたら、天皇陛下もちょっと黙礼を返して、それで別になにもお咎めはなかったよ」と、悪戯っぽく笑っておられたものだ。

高田先生は、よくこういう言葉を口にした。「取らねばならぬ経過は泣いても笑っても取るのが本統だ」（志賀直哉『暗夜行路』）、「歩きたいから歩く。すると歩くのが目的になる。考えたいから考える。すると考えるのが目的になる」（夏目漱石『それから』）——高田先生は、何事につけてもこのように生きた。まさに文学を生きた。逃げることを嫌ったし、ためにする議論を嫌った。そして、『新釈現代文』もまさにこうして書かれたのだった。

『新釈現代文』の「読者へのことば」のはじめに、前著である『現代文の学び方』（至文堂、一九五五・四）のことが書いてある。この本は『新釈現代文』理解にとって重要な手がかりを与えてくれるが、いまは入手困難なので、簡単に触れておこう。

『現代文の学び方』は全体が三部からなる。第一部では、はじめに「ルネサンス以後のヨーロッパにおいてその典型を示したいわゆる近代精神」（『新釈現代文』）、すなわち「人間主義と合理主義と人格主義」（同）を高田瑞穂自身の言葉でコンパクトに語っている。次に、当時の文部省が示した大学受験国語に対する見解を検討し、まことに妥当だが「大学側の高校教育に関する無智」と「所謂一流大学への受験生のすさまじい集中から生ずる時間的・技術的必要」がある以上は改善しないだろうと判断して、そうである以上現状に対応するしかないと、「入試現代文の範囲と性格」を分析する。

まず「問題文の筆者と出典」に触れ、巻末に五十校の過去五年のデータを載せている。それらを分析した結果、「問題文の性格」としては、「知的・倫理的表現」と「印象的・心理的表現」と「詩的・象徴的表現」に分けられるが、第一の「知的・倫理的表現」が四分の三を占めているとする。最後に「出題者のねらい」としては「論理の的確な把握がどの程度できているか」が最も求められていると説いている。

第二部は「現代文を読みこなすための三つの方法」。第一は「筆者の立場を正しく把握することによって解決に導く方法」で、「筆者の問題文における立場に立って考えることと、受験生自身の意見を主張することとをはっきり区別」しなければならず、受験生に課せられたのは「筆者の考えを批判する」ことではないのだから、「どこまでも筆者の立場に立って文章を見ていかなければ問題の正しい解決は得られない」と言う。第二は「出題者の立場を正しく洞察することによって解決に導く方法」で、出題者が特に何を理解させようとしているか、時には問題文に対する批判的な設問もあるからそれを「洞察」することだと言う。第三は「受験生の立場を正しく反省することによって解決に導く方法」で、たとえば「素朴・健康・明快」な詩について四百字で「感想」を述べよという設問に対して、たとえ受験生が前衛的な詩を好んでいてもこの詩を批判してはならないので、「諸君は安全な答案を書かねばならない」と言う。

第二部は、これらのことを三十四題の問題を示しながら説いている。第三部はここまでの応用編、つまりは二十題からなる問題集となっているので省略しよう。

巻末には（1）過去問の出典資料のほか、（2）「現代文に対する興味と理解力とを増すために特に読むべき十冊の書」が解説付きで、（3）「現代文読解のために特に重要な五十の用語」の解説が付されている。（2）には夏目漱石『吾輩は猫である』があるかと思えば、デカルト『方法序説』があるという具合。（3）には「私小説」があるかと思えば、「アウフヘーベン」があるという具合である。なお、「私小説」以外の項目にはすべて原語が（言葉によっては、英語のほかにドイツ語やフランス語も）添えてある。当時、高田瑞穂がこれだけの解説ができたのは、国文学の大学院を終えてから、二年間哲学科の大学院に在籍して学んでいたからである。

こうして『現代文の学び方』を概観してみると、第一部は明らかに「大学受験国語現代文論」であって、受験勉強の範囲を超えている。第二部の第二と第三は、ややあけすけにすぎるかも知れない。受験生よりも教師からの質問が多くなったのも、理由のないことではなかったのである。そこで、高田瑞穂はポイントと考えるところだけを丁寧に書き直す必要を感じたのである。どうやら、『新釈現代文』はほぼ第二部の第一だけ（第二、第三の要素を加味しながらだが）を一冊の本に書き改めたものだということがわかる。

しかし、それは決して安易な考えによる書き直しではなかった。そのことは、「第一章予備」の最初に掲げられたこの一文――「現代文とは、何等かの意味において、現代の必要に答えた表現のことです」が雄弁に物語っている。高田瑞穂には、信念とも理想ともつかないある確信があった。それは「現代文」では「人間主義と合理主義と人格主義」を体現した「現代」に資する文章が書かれるし、またそうした文章しか大学受験には出題されないという確信である。こうした「現代文」への限りなき信頼があって、はじめて『新釈現代文』という書物――希有な参考書は生まれたのである。

『新釈現代文』では、はじめに「人間主義と合理主義と人格主義」を問題文の読解を通して学ばせる方法をとっている。親しみやすさに配慮したのであろう。そしてこの本では「たった一つのこと」しか追究しないと言って、その前提として「内的運動感覚」という不思議な造語を用いている。それは「発展的な表現を発展として把握する動き、流動する表現を流動として把握する動き」だと言う。つまり、問題文を読む以前に持っていた固定観念から一歩もでないような読み方を否定しているのである。ここからは、「現代文」を読むことは常に新しいことの発見でなければならないというもう一つの信念をうかがうことができる。

『新釈現代文』の眼目は「追跡」と「停止」だが、それをくだくだしく説明する必要はないだろう。「追跡」とは論理の展開を追って論旨を把握することであり、「停止」とはその論旨から離れずに設問を解くことだと言っていい。この本に収められた文章はさすがに時代性を帯びて、多くは過去のものとなっているが、「追跡」と「停止」という方法は決して古びていない。

巻末の「近代文学をどう読むか」については、高田瑞穂が近代文学を読むに当たって「旧習打破」という言葉を好んで用いたことを付け加えておこう。近代文学は家制度に代表される封建制を打破したというのである。ここにも、高田瑞穂の近代文学に対する信頼の形があった。実は、『新釈現代文』は近代思想の啓蒙書といった側面を持っていた。問題文もそのようにセレクトされている。なんとまっすぐに「近代」を信じられた時代だったろうか。

いま、僕たちはポスト・モダン思想を経て、ポスト・モダン思想以降のまっただ中にいる。いつの時代でもそうだが、その時代に生きる者には「現代」が混迷の時代に見える。どのようにして、「現代」ははっきりした輪郭をもって見えてくるのだろうか。ポスト・モダン思想は「近代」を抑圧の装置として批判してやまなかった。「近代」にそういう側面があったことは事実だ。しかし、「近代」批判によって失われたものも少なくはなかった。それに、ポスト・モダン思想を知るためには、批判の対象となった「近代」について深い理解が必要なのだ。いま僕たちはどこにいるのか。それを裏側から映し出す鏡として、

『新釈現代文』という一冊の思想書が僕たちの前にある。

『新釈現代文』は刊行から二十年以上も現代文の参考書として定番であり得た。それは、当時『新釈現代文』が、それまでの知識偏重の問題から、新しく姿を見せ始めていた「読解問題」をいち早く捉え、みごとに解説してみせた画期的な現代文の参考書だったからにほかならない。僕はある本を書くために、戦後の大学受験国語問題を複数定点観測したことがあるが、この『新釈現代文』が世に出た一九五〇年代は、まさに知識から論理へという受験現代文の転換期だった。戦前のスタイルそのままに、収められた問題文はまだ非常に短いが、現在のように長文化する傾向がはっきり現れるのは一九七〇年代に入ってから、ほぼ現在の形になるのは一九八〇年代に入ってからである。

『新釈現代文』は時代を先取りしていたのである。それは、高田瑞穂が昭和はじめの東京帝国大学において近代文学（谷崎潤一郎）を卒業論文に選んだごくごく初期の卒業生であり、以後も近代文学研究を専門にしていたことが要因の一つに挙げられる。さらに、『新釈現代文』を書いた当時勤務していた成城大学文芸学部が、訓詁注釈を旨とした旧来のアカデミズムに抗して新しい時代にふさわしい理念を持って作られた学部であり、高田瑞穂自身がその創立の中心メンバーだったことが、大きく作用していたと言える。

高田瑞穂にとって、人生と研究と受験参考書の執筆は一つのことだったのである。